レクチャー

第一次世界大戦を考える

戦う女、戦えない女

第一次世界大戦期のジェンダーとセクシュアリティ

Toshiko Hayashida

林田敏子

人文書院

「レクチャー　第一次世界大戦を考える」の刊行にあたって

京都大学人文科学研究所の共同研究班「第一次世界大戦の総合的研究に向けて」は、二〇〇七年四月にスタートした。以降、開戦一〇〇周年にあたる二〇一四年に最終的な成果を世に問うことを目標として、毎年二〇回前後のペースで研究会を積み重ねてきた（二〇一〇年四月には共同研究班の名称を「第一次世界大戦の総合的研究」へと改めた）。本シリーズは、広く一般の読者に対し、第一次世界大戦をめぐって問題化されるさまざまなテーマを平易に概説することを趣旨とするが、同時に、これまでの研究活動の中間的な成果報告としての性格を併せもつ。

本シリーズの執筆者はいずれも共同研究班の班員であり、また、その多くは京都大学の全学共通科目「第一次世界大戦と現代社会」が開講された際の講師である。「レクチャー」ということばを冠するのは、こうした経緯による。本シリーズが広く授業や演習に活用されることを、執筆者一同は期待している。

第一次世界大戦こそ私たちが生活している「現代世界」の基本的な枠組みをつくりだした出来事だったのではないか、依然として私たちは大量殺戮・破壊によって特徴づけられる「ポスト第一次世界大戦の世紀」を生きているのではないか――共同研究班において最も中心的な検討の対象となってきた仮説はこれである。本シリーズの各巻はいずれも、この仮説の当否を問うための材料を各々の切り口から提示するものである。

周知の通り、日本における第一次世界大戦研究の蓄積は乏しく、その世界史的なインパクトが充分に認識されているとはいいがたい。「第一次世界大戦を考える」ことを促すうえで有効な一助となることを願いつつ、ささやかな成果とはいえ、本シリーズを送り出したい。

もくじ

はじめに

1　カーキ・フィーバー

一九一四年八月四日、ドイツ軍によるベルギー侵攻を受け、イギリスはドイツに宣戦を布告した。志願入隊制をとっていたイギリスでは、開戦とともに多くの若者が列をなして軍隊に志願した（図1）。その数は一九一五年の終わりまでに二五〇万人におよんだ。自らの意志で兵士となり、前線に向かった男たちは、愛国心あふれる勇者として社会の賞賛を浴びた。兵士に対する尊敬と憧れは、若い女性たちの間にカーキ・フィーバー（khaki fever）と呼ばれる一種の戦争熱を巻き起こす。兵士が着用したカーキ色の制服に群がる女性たち。イーディス・セラー

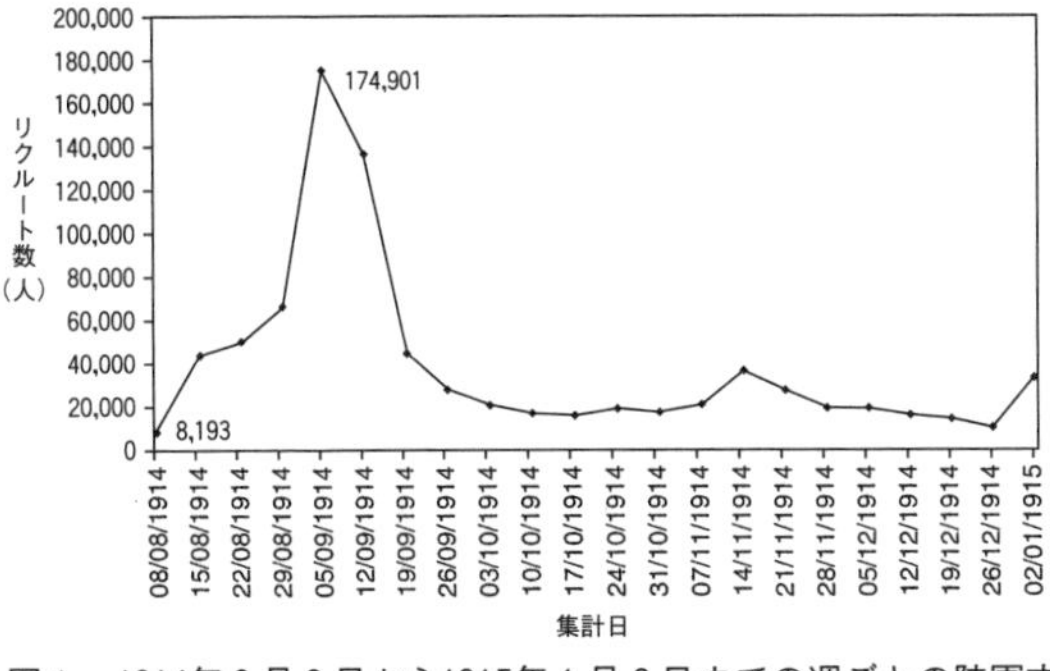

図1　1914年8月8日から1915年1月2日までの週ごとの陸軍志願者数

議会募兵委員会等による宣伝活動が本格化する1914年8月末から9月初めにかけて、志願者数はピークに達している。

（Vatriona Pennell, *A Kingdom United,* Oxford, 2012, p. 144.）

ズが雑誌『一九世紀およびその後』（一九一八年一〇月）に寄せた文章には、カーキ・フィーバーに浮かれる女性たちの様子が冷ややかな目線で綴られている。

ある日、私はイギリスのトミー*たちが若い女性たちに追いかけられているのを見た。兵士らは何とかバスに飛び乗ったものの、女性たちがあとからついてきたため、あわてて屋根のない二階席に駆け上がった。その日は土砂降りの雨だったにもかかわらずである。

軍服姿の兵士のあとを追いまわすことだけがカーキ・フィーバーの「症状」ではなかった。一九一六年一一月の『イングリッシュウーマン』には「今日の諸問題」と題する以下のような記事が掲載されている。

無鉄砲で、感受性が強く、子ども以上に手に負えない少女たちが兵士のあとを追いかけるという迷惑行為をくり返している。彼女たちは大した考えもなく、おもしろ半分にやっているのだが、誘惑したり、されたりすることで、最後は兵士との不道徳な行為に陥っている。

ここで問題視されたのは、カーキ・フィーバーに「罹った」女性が陸軍キャンプに群がり、兵士との「不道徳な行為」におよんでいること、つまりプロの売

トミー
第一次世界大戦時に広くもちいられるようになったイギリス陸軍の兵士を表す俗語。トミー・アトキンスとも呼ばれる。徴兵シートや給与帳の氏名欄の記入例にも、「トミー・アトキンス」の名がよく使われた。

春婦ではないアマチュアの女性による売春行為であった。

一九世紀の半ば以来、イギリスの女性参政権運動を牽引してきたミリスント・フォーセット*も、カーキ・フィーバーを憂えていた一人である。フォーセットは、「若い女性がみな、キャンプを訪れて兵士を一目見たいと思っている」ことに対しては、「きわめて自然かつ健全なこと」として理解を示しながらも、「適切なコントロールを欠けば、多くのケースが嘆かわしい結果に至る」と警告を発している。彼女たちはなぜ制服姿の兵士にここまで熱狂的な反応を示したのだろうか。C・G・ハートリは一九二〇年に出版した著書『女性の若気の過ち』のなかで当時を振り返ってこう述べている。

戦争は男たちを英雄に変えた。女たちは戦争がうまくいくのであればどんな協力でもしようと思った。……もっとも簡単だったのは兵士の恋人という地位を得ることだった。そうすれば「疎外感」を味わわなくてすんだからだ。

まちなかで、あるいは陸軍キャンプの周辺で制服姿の兵士を追いかける女性たちは、何らかの形で戦争に「参加」することを欲していた。カーキ・フィーバーとともに幕を開けた第一次世界大戦期のイギリスは、女性のセクシュアリティに対する関心が異様なまでに高まった時代でもあった。

戦争中ほど、「性差」というものが絶対視される時代はない。戦いに勝つこ

ミリスント・フォーセット 一八四七〜一九二九年。一八九七年に設立された女性参政権協会全国同盟の指導者として、イギリスの女性参政権運動を牽引した。エメリン・パンクハースト率いる女性社会政治同盟がとった戦闘的戦術を意図的に避け、法を遵守する穏健な運動を堅持した。

とがすべてに優先する社会では、武器をとって戦う者こそが価値をもつからである。「戦う男」の価値は、兵役不適格者や良心的兵役拒否者*のような「戦えない男」、「戦おうとしない男」との対比によっても強調されたが、女性に兵士としての資格を与えなかった▼1第一次世界大戦期のイギリスにあっては、「戦う性」としての男性と、「戦わない（戦えない）性」としての女性の間にも越えられない壁が築かれた。女性は、男性（兵士）が命をかけて守る「かよわき」存在として、また、戦いを終えた兵士が戻ってくる「家庭」のシンボルとして表象された。弱き性としての女性は、戦争の犠牲者として、あるいは男たちに戦いを鼓舞する女神として、ポスターをはじめとする戦時プロパガンダに積極的に活用された。

2　大戦がひらいた世界

男性は軍隊に志願しさえすれば、自らの愛国心と市民としての価値を証明することができた。しかし、兵士になるという選択肢をもちえなかった女性は、それ以外の方法で愛国心を表明しなければならなかった。大戦が勃発すると、女性たちは自発的な運動を開始する。募兵運動に参加し、前線に物資や慰問品を送り、簡易食堂を立ち上げ、戦争寡婦や遺児の支援をおこなうなど、銃後の守りをかためるためのヴォランティア活動は実に多彩であった。これらはみな、

良心的兵役拒否者　兵役法にもとづき、健康上・宗教上の理由等で兵役免除を求めた者の総称。第一次世界大戦中の良心的兵役拒否については、本シリーズ小関隆『徴兵制と良心的兵役拒否』を参照。

▼1　第一次世界大戦期のイギリスでは、女性に兵籍を得る資格は与えられなかったが、セルビア軍に入隊したフローラ・サンデスのように、イギリス人女性が他国の軍隊の一員として戦闘に参加することはあった。第二次世界大戦期のイギリスでは、戦闘に従事することはなかったものの、女性も徴兵の対象とされた。

上・中流階級女性を中心に育まれてきたフェミニズムやフィランスロピーの伝統が生み出したものであった。

第一次世界大戦は多くの女性に本来の居場所である「家庭」の外で仕事を得る機会を提供した。労働者階級女性の多くは戦前からすでに何らかの仕事に就いていたが、一九一四年七月から一八年一一月までの間に、イギリスの女性労働人口は一六六万三〇〇〇人増加し、四九四万人に達した。その背景には男性の志願入隊にともなう労働力不足[2]があった。開戦から四ヶ月後の一九一五年一月段階で、労働市場全体の五分の一にあたる二〇〇万人の男性が出征した。これを受けて、一九一六年の七月までに七六万六〇〇〇人の女性が、それまで男性が従事していた仕事を引き継いだ。男性に代替した女性の数は一九一六年一〇月には八九万七〇〇〇人、一八年には一〇六万四〇〇〇人に達した。このように、出征した男性の代替要員として、あるいは軍事産業の伸びで生じた需要に応える形で、多くの女性が新たな職を獲得した。女性たちは各種工場の労働者として、あるいは企業や銀行、役所の事務員、タイピスト、秘書として働いた（表1）。公的機関に雇用された女性の数は、戦前の四九三万人から一九一八年七月の六一九万人へ、実に二三・七パーセントも増加した。

戦前と比較してもっとも多くの女性労働者を受け入れたのが軍需工場であった。（図2、3）たとえば、ウーリッジの兵器工場では一九一四年にはわずか一二五人であった女性労働者の数が、一九一七年には二万五〇〇〇人に膨れ上が

▼2　女性労働に対する需要は開戦と同時に高まったわけではなかった。一九一四年九月の時点で女性の失業率は四四・四パーセントにものぼっていたし、一九一五年四月の段階で一一万三九二人の女性が失業登録していた。

図2　ノッティンガムシアのチルウェルにある国営兵器工場で働く女性たち
(Imperial War Museum)

表1　大戦中、女性労働の需要が増した職種

職種	1918年11月時点で雇用されていた女性労働者の数（1914年を100としたとき）	1914年7月から1918年11月の間に、新たに参入した女性労働者全体に占める割合
工場、海軍工廠、兵器工場	11,227	14.7
トラム、バス会社	2,325	0.5
公務員（郵便局をのぞく）	2,140	6.1
自治体運営のトラム	1,583	1.1
ガス、水道、電力会社（公共機関および民間会社）	1,500	0.8
鋼鉄産業	1,147	2.1
エンジニアリング（電気、海洋のぞく）	842	5.4
バイク、車、飛行機	809	4.7
銀行、金融	789	3.9
車両（バイク、車、飛行機をのぞく）	633	0.5
製粉	550	0.5
鉄道	550	3.2
その他輸送業	457	1
建設業	443	1.4
電気工学	350	2.4
金属（兵器含む）	338	6.9
化学、染料、爆発物、マッチ、タール蒸留	295	2.5
病院（民間、軍含む）	242	2.8
ゴム	227	1.1
その他の専門職（会計士、建築家、事務弁護士など。主に事務員）	222	1.3
公務員（郵便局）	198	3.6
商業	177	23.1

（Deborah Thom, 'Women and Work in Wartime Britain', Richard Wall and Jay Winter (eds.), *The Upheaval of War*, Cambridge, 2005, pp. 321-322より作成。）

図3　ロンドンの兵器工場でマシンガンの弾薬ベルトを作る女性労働者たち
（Diana Condell and Jean Liddiard, *Working for Victory?*, London, 1987, p. 112.）

っている。女性は機械の操作から溶接、火薬の充填作業に至るまで工場内のあらゆる種類の仕事をこなした。戦争の長期化によって生産性の向上が叫ばれるようになると、多くの工場で勤務時間が延長された。一日一二時間労働が常態化した工場もあった。また、工場の多くはより少ない数の男性従業員しか想定していなかったため、食堂やトイレなど基本的な施設にも事欠くことがあった。

軍需工場での労働は常に危険と隣り合わせだった。大戦中、爆薬として使われたTNT*を原因とする中毒症状やその他の事故で命を落とした女性は三〇〇人にのぼった（図4）。TNT中毒を起こした女性労働者たちは、黄疸《おうだん》で肌が黄色くなったことから「カナリア・ガール」とも呼ばれた。大戦中、軍需工場で働いた経験をもつ女性はのちに、「彼女たちがさわったものは、椅子も机もすべて黄色くなるため、食堂を分けられていた」と回顧している。兵器を製造する軍需工場は、前線で完結する「死」の物語の発火点であった。そのことを軍需工場で働く女性たちがどの程度意識していたかはわからない。しかし、おそらく彼女たちの多くは、国家が遂行する戦争行為に協力している、直接参与しているという自覚はもっていたであろう。「戦えない性」である女性たちは、男性とは違う形で、大戦を「戦った」のである。

TNT
化学物質トリニトロトルエンの略称。二〇世紀初頭にピクリン酸に代わって主要な爆薬としてもちいられるようになった。

図4　ウーリッジの兵器工場でTNTを装填する女性労働者（一九一八年五月）
(Diana Condell and Jean Liddiard, *Working for Victory?*, London, 1987, p.106.)

3　制服の時代

戦時中の女性就労におけるもっとも顕著な特徴の一つは、従来、女性の参入を認めなかった分野を含む、より幅広い職域への進出であった。それまで男性が独占してきたトラムやバスの車掌、鉄道会社のポーターや警備員、切符回収係、さらには郵便配達といった職業にも女性の進出があいついだ（図5、6、7）。

こうした職業にはいずれも、独自の制服があったため、制服姿の女性たちは社会進出のシンボルともなった。開戦とともに立ち上げられたヴォランタリ女性警察や、一九一七年から一八年にかけて発足した陸・海・空軍の女性部隊も、「制服の魅力」で多くの女性をひきつけた。また、一九一七年に農務省が設立した女性農耕部隊の隊員たちは、ズボンとオーバーオールからなる制服に身を包み、人手不足に悩む農地に「農耕ガール」として派遣された。

第一次世界大戦は、女性が罰を受けることなくズボンをはく機会をはじめて提供したといわれる。大戦間期に庶民院議員をつとめたメアリ・アグネス・ハミルトンは、一九三六年に発表した「社会生活における諸変化」と題するエッセイのなかで、大戦当時を振り返って次のように述べている。

図5　バスの車掌（IWM）

女性たちはディバイデッド・スカート*をはいて自転車にまたがる勇気に対し、かつて向けられた嘲笑から完全に解き放たれてズボンをはき、ゲートルを巻くことができるようになった。……ズボンやレギンスをはいた公用車やタクシーの運転手、ズボンやオーバーオールを着た女工や農耕部隊の女性などは、誰から見ても目立つ存在ではなくなった。それらはすべて制服だった。制服は、あざけりや冷笑を免れるものだ。

ディバイデッド・スカート 股のあるキュロット風のスカート。ヴィクトリア時代に動きやすい「合理服」として考案され、主に中流階級女性の間で広まった。

女性たちは、それまで男が身につけるものとされてきたズボンやゲートルを、

図6　ランカシア＆ヨークシア鉄道会社の切符回収係をつとめる女性
（IWM）

図7　郵便配達をする女性
郵便局で働く女性の数は、戦前と比べ倍増し、1918年には12万1000人に達した。一方、男性労働者の数は戦前の18万9000人から８万人にまで減少した。
（Diana Condell and Jean Liddiard, *Working for Victory?*, London, 1987, p. 92.）

「制服」の名のもとに堂々と身につけることができるようになった。制服が、着用者に一種の解放感をもたらしたことは、ハミルトンの言からも明らかであろう。

しかし、制服は女性に解放感を与えるからこそ、男性にはある種の危機感を抱かせた。当時まだ「男の服」であったズボンを着用することが、いかに女性らしさの規範から逸脱する行為であったかは、東アフリカで救急車の運転手をつとめていたT・G・F・ウィルビーという男性が軍需工場で働く婚約者に宛てて書いた手紙が雄弁に語ってくれる。

愛しい人よ、君には仕事のときにズボンをはいてほしくない。僕はそういう格好にはうんざりしている。君はけっしてそんなものは身につけないだろうが、もしズボンをはいているのならば、ぼくにはそんな姿を見せてほしくないし僕と会う前に脱いでほしい。さもなければ僕は強制的にそれを脱がせるだろう。僕はこの件については寛大ではない。君が何をしようが、女性らしさを失ってほしくない。僕は君がかよわい女性だからこそ君を愛している。僕が君に軍需工場の仕事から身を引いてほしいと思っている唯一の理由は、粗野で男みたいな気質が育てられるかもしれないと思っているからだ。僕が最後に君に会ったとき、君は僕の理想的な愛すべきかよわい女性だった。帰ったら、旅立ったときと同じ理想的なかよわい女性に会いたい。……男の仕事に従事することで、自分を台無しにしてはいけない。それは必要ないのだから。

ウィルビーは異国の地にありながらも、恋人の身に起こっている「変化」を敏感に感じ取っていた。イギリス女性全般に見られた、そうした「変化」に対する危機感は、新たな社会問題を生み出していく。イギリス社会は、戦時労働によって家庭から「解放」された女性たちが、従来のジェンダー秩序を破壊するのではないかという不安で覆われた。公の場での喫煙や飲酒、付き添いなしの外出といった目に見える「悪弊」も、ヴィクトリア時代からすでに問題になっていたにもかかわらず、大戦と結びつけて解釈された。なかでも批判が集中したのは若い女性の性モラルの弛緩であった。大戦の勃発とともにイギリス中を席巻したカーキ・フィーバーは、女性の社会的・性的「自立」に対する社会の不安を映したものに他ならなかった。

カーキ・フィーバーという言葉が飛び交ったのは開戦からほんのしばらくの間で、戦争が「日常」となり、制服姿の男性が目新しいものではなくなると、しだいに「熱狂」も冷めていった。しかし、戦争が女性のセクシュアリティを解放し、社会モラルを壊しつつあるとの危機感が解消されることはなかった。イギリス各地に駐屯した陸軍の司令官たちは、キャンプ地周辺で兵士を誘惑する女性の動きをコントロールしようとした。とくに、プロの売春婦ではない「アマチュアの女性」を取り締まるためにもちいられたのが、開戦後まもなく成立した国土防衛法である。同法は、数度にわたる改正をともないつつ、国防上必要な土地・建物の接収、検閲、営業規制、食糧配給など、戦争を効果的に遂行するための一連の規制を国民に課した。陸軍の駐屯地では、同法にもとづき、女性に対する夜間外出禁止令が出された。外出禁止令をはじめとする大戦期のモラル・コントロールの目的は、軍（男性）の安全と秩序を守ることであった。そこで問題にされたのは、男性のセクシュアリティではなく、あくまで女性のセクシュアリティであった。

4　生産か生殖か

「戦う者」こそが価値をもちえたこの時代、「戦えない性」である女性には相矛盾する二つの視線が向けられた。出征兵士の穴を埋める代替労働力としての女性は、戦争遂行のためになくてはならない存在であった。しかし一方で、工場などでの過酷な労働が、女性すなわち母体に与える危険を指摘する声も広く聞かれた。医学的観点からこの問題に迫ったある医師が、一九一五年一二月五日付けの『アンパイア』に、「男性の仕事を遂行する女性への忠告」と題する一文を寄せている。そこでは、「人生において女性が果たすべき重要な役割とは、人類を永続させることである」としたうえで、「女性たちは人生において神に定められた役割に不適格になってしまう危険を冒していることを自覚しなければならない」との警告が発せられた。とくに問題視されたのはＴＮＴによる健康被害であった。この問題に社会の強い関心が向けられるきっかけを作ったのは一本の医学論文であった。一九一六年八月一二日、二人の女性医師が医学雑誌『ランセット』*に「ＴＮＴが女性労働者に与える影響に関する考察」と題する論文を発表したのである。ＴＮＴ中毒の症例を五ヶ月にわたってサンプリングした医師は、ＴＮＴが皮膚だけでなく消化器や循環器、脳におよぼす影響について詳述し、社会に衝撃を与えた。医師が診察した患者の一人は、「大量に汗をかくと、どれだけ入浴しても衣服やシーツがピンク色に染まるほど」だったという。

女性労働者たちは、軍事的勝利に向けた生産活動の担い手である一方、将来の兵士を産み、育てる「母」ともなりうる存在であった。母体としての女性の健康は、そのまま国家の健康を意味する。こうして、“production”（生産）と“reproduction”（再生産＝生殖）という二つの使命を負った女性には、社会の絶えまない関心と監視の目がそそがれることになったのである。

ジェンダーの視点から見るとき、第一次世界大戦期のイギリスはいかなる社会としてとらえることができるだろうか。「戦う性」と「戦えない性」との境界が絶対視されると同時に、モラルの崩壊という形でジェンダー秩序の揺らぎが指摘された時代。代替労働者としての女性に高い関心が向けられるとともに、厳しい監視の目がそそがれた時代。第一次世界大戦期のイギリスは、制服姿の

『ランセット』
一八二三年にトマス・ウェイクリが創刊した週刊の専門医学雑誌。誌名は外科用のメスの一種であるランセットと、アーチ型のランセット窓（「採光」の意）にちなんでいる。世界でもっとも評価の高い医学雑誌の一つといわれている。

男性に女性が熱狂し、制服を着用する職業に女性が殺到した「制服の時代」であった。制服は、「戦えない性」である女性が示しうる愛国心の「かたち」であるだけでなく、女性が「男性の領域」に進出しつつあることを示すシンボルとしても機能した。女性は、初の総力戦となった第一次世界大戦をどう生きたのか。大戦の勃発を機に顕在化したイギリスにおけるジェンダー問題を、プロパガンダ、制服、モラル・コントロールをキーワードに読み解いていく。

第1章　戦いを鼓舞する女

セプティマス・エドウィン・スコット画のポスター（1917年）

1　募兵ポスターのなかの女性

イギリスがドイツに宣戦を布告した四日後の一九一四年八月八日、それまで首相アスクィス*が兼務してきた陸軍大臣にホレイシオ・ハーバート・キッチェナー*が任命された。この頃のイギリスでは、クリスマスまでに戦争は終わるだろうとの楽観的な見方が大勢を占めていたが、キッチェナーは就任当初から戦争の長期化をある程度見越していた。すでに存在していた一六万の正規軍と一九〇八年に組織された国防義勇軍*（Territorial Army）では、ヨーロッパ大陸での大規模な戦いに備えられないと判断したキッチェナーは、就任早々、志願兵を募るための大々的なキャンペーンに着手した。

徴兵制が導入される一九一六年まで、イギリスの募兵キャンペーンを牽引したのは、一九一四年八月末に発足した議会募兵委員会（Parliamentary Recruitimg Committee：以下、募兵委員会と略す）であった。募兵委員会は、当時首相の地位にあった自由党のアスクィスが、保守党のアンドリュー・ボナ・ロー*や労働党のアーサー・ヘンダーソン*らに働きかけて立ち上げた組織で、陸軍省からの補助金と民間からの寄付によって運営された。各党の協力体制のもとに組織された募兵委員会は、八〇〇以上の集会を組織して大衆動員をはかるとともに、新聞各紙と協調しながら戦争支持の世論形成につとめた。募兵委員会

ハーバート・ヘンリ・アスクィス
一八五二～一九二八年。自由党の政治家として一九〇八年から一九一六年までイギリスの首相をつとめ、貴族院改革などに取り組んだ。一九一五年には労働党と自由党の一部を閣内に引き入れ、挙国一致内閣を組織した。

ホレイシオ・ハーバート・キッチェナー
一八五〇～一九一六年。エジプト軍司令官、インド軍司令官などを歴任し、第一次世界大戦期には陸軍司令官として正規軍の拡充に取り組んだ。一九一六年、使節としてロシアにおもむく途上、ドイツ軍の機雷によって死亡した。

国防義勇軍
陸軍大臣リチャード・バードン・ホールデンの軍制改革によって創設された陸軍の予備隊。規模は約二七万。義勇軍や民兵、義勇騎士団（Yeomanry）を編入して創設された。

が宣伝媒体としてもっとも重視したのは、人々の目に直接訴えかけるポスターであった。募兵委員会出版部の推計によると、徴兵制が導入される直前の一九一六年五月までに、一六四種類のポスターが計一二五〇万部刷られたことがわかっている。製作されたポスターは、新聞や雑誌、図書館やクラブの掲示版、街中の壁という壁、タクシーやトラム、鉄道の客車に至るまで、あらゆる場所で人々の目を、そして心をとらえた。

募兵ポスターに必要なのは、見る者を引きこむ強烈なインパクトである。図8はキッチェナー本人が登場するポスターで、▼募兵委員会が製作したなかでおそらくもっとも有名なものの一つである。険しい顔をしたキッチェナーが、ポスターの「こちら側」、すなわち入隊をためらう者を指差して、鋭いメッセージを発する。「イギリス人は君を欲している。自国の軍隊に入隊せよ。」ポスター全体に漂う張りつめた空気は、もはや一刻の猶予もならないという前線の緊迫した状況を伝えるかのようだ。

一九一五年に入り、陸軍がより深刻な人材不足に悩まされるようになると、募兵ポスターは差し迫ったトーンを帯びるようになっていく。図9のポスターでは、イギリス人を象徴するジョン・ブル*が「誰がいない？　君か？」という告発めいたメッセージを発している。彼のポーズがキッチェ

図8　「イギリス人は君を欲している」(Imperial War Museum)

アンドリュー・ボナ・ロー
一八五八〜一九二三年。第一次世界大戦期には自由党内閣と協力し、一九一五年にはアスクィス内閣の植民地相として、一九一六年にはロイド＝ジョージ内閣の蔵相として入閣した。戦後、連立内閣が崩壊すると、一九二二年に保守党内閣を組織し、翌年、病気で辞任するまでの短い間、首相をつとめた。

アーサー・ヘンダーソン
一八六三〜一九三五年。大戦勃発とともに辞任したラムゼイ・マクドナルドのあとを受けて労働党党首に就任。一九一五年にアスクィス連立内閣が成立したさいには、労働党選出議員としてはじめて入閣を果たした。

▼もとは、アルフレッド・リートが『ロンドン・オピニオン』の表紙として描いたものであった。リートのイラストがポスター化される経緯については、本シリーズ河本真理『葛藤する形態』を参照。

ナーを真似たものであることはいうまでもない。キッチェナーと同様、ポスターの「こちら側」を鋭く指差すジョン・ブルは、彼の背後に描かれている兵士の隊列に加わらない者を激しく糾弾している。

さらに、「三つのタイプの男性がいる。召集の報を受け、これに従う者、出遅れる者、それ以外の者」と題されたポスター（図10）では、募兵に応じない者への非難がストレートに表現されている。このポスターが「男性」を、「志願する者」と「しない者」の二種類ではなく、「召集に応じる者」、「出遅れた者」、「それ以外の者」の三種類に分けているところに注目してほしい。ポスターのターゲットが「こちら側」にいる男性の大半を占める「出遅れた者」であることはいうまでもない。ポスターは、志願をためらう者に、「それ以外の者」、すなわち「志願する意志をもたない者」との烙印をおされる前に、戦う意志を見せよと迫っているのである。

前線で戦う兵士も、ポスターのなかから「仲間」を募った。「俺についてこい。祖国は君を必要としている」と題されたポスター（図11）には、精悍な顔をした兵士がさっそうと行進するさまが描かれている。兵士はキッチェナーのように正面を見据えていないため威圧感はなく、口元にはうっすらと笑みすら浮かべている。また、背中にかついだ銃もその一部がわずかに見える程度で、あえてフレームからはずされている。一方、「君への懇願」と題されたポスターはこれとは対照的だ（図12）。肩の高さまである長い銃剣を手にした大柄な兵

図9「誰がいない？」(IWM)

ジョン・ブル　典型的なイギリス人、あるいはイギリス国家を擬人化したもの。一七一二年にスコットランドの医師で数学者のジョン・アーバスノットが生み出したキャラクター。その多くはユニオン・フラッグ柄のチョッキを身につけた背の低い肥満体の男性として描かれる。『パンチ』などの風刺漫画雑誌で頻繁にもちいられ広まった。

士が、指先で意味深な手招きをしている。口髭をはやした兵士の表情は帽子に隠れて見えないが、微妙に崩れた姿勢と下からのアングルが兵士の威圧感を際立たせている。

男性を戦いに駆り立てたのは前線で戦う兵士ばかりではなかった。銃後の守りを託された女性たちも、ポスターのなかで志願入隊を呼びかけた。図13のポスターを見てみよう。父親の膝に腰かけた娘が、「パパは大戦で何をやったの？」と無邪気に問いかけている。第一次世界大戦が歴史となって刻まれたとおぼしき本がひらかれており、戦後、少なくとも数年が経過していることがうかがえる。娘の膝には、まだ幼い息子が兵隊と大砲のおもちゃで「戦争ごっこ」に興じている。足元では、娘の質問に複雑な表情を浮かべる父。彼が大戦中「何もしなかったこと」が見てとれる。

図14は、「女性」を前面に出した募兵ポスターのなかで、もっとも有名なものの一つである。幼子を連れた若い母親が、「行け！」のメッセージとともに兵士の隊列を見送っている。出征していく父の姿を見つけ、不安な様子で母にとりすがる子どもたち。母は娘の手をしっかりと握りながらも、顎をぐっと上げ、窓の外に視線を向けている。「強き妻」、「強き母」の決然としたまなざしが印象的なポスターである。

男性を戦地へいざなったのは、妻や娘だけではなかった。白髪の老いた母も、自分の背丈以上に成長した息子の肩を抱き、「行きなさい！　それがあなたの

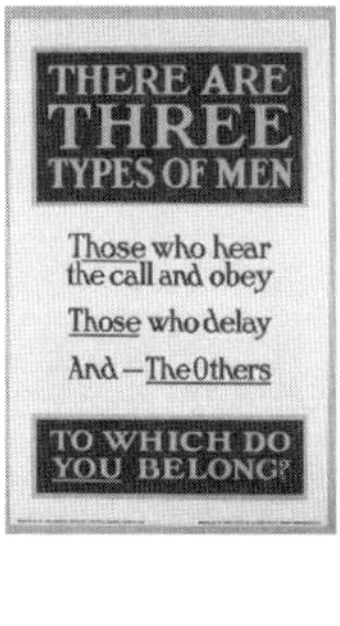

図10 「三つのタイプの男性がいる」(IWM)

図12 「君への懇願」
（IWM）

図11 「俺についてこい」
（IWM）

図14 「イギリスの女性は『行け』と言っている」
（IWM）

図13 「パパは大戦で何をやったの？」
（Victoria & Albert Museum, CIRC. 466-1969）

義務です」とやさしく諭している（図15）。ポスターに描かれた女性たちは、娘、妻、母とそれぞれの立場から、ときに無邪気に、ときに厳しく、父や夫、息子に対して武器をとるよう迫った。女性には、じっさいに武器をとって戦うという選択肢がなかったがゆえに、男たちの背中を押して戦場に送り出すという重要な役割が与えられた。志願制のもとでは、武器をとるか否かの選択は男性の意志にゆだねられたため、彼らを戦場にいざなう女性の役割はきわめて重要であった。

非戦闘員である女性や子どもを巻き込んだ軍事攻撃も戦時プロパガンダの格好の題材となった。一九一四年一二月一六日、北海沿岸の港町、スカーバラ、ハートリプール、ホイットビーがドイツ海軍の攻撃を受けた。一三七人の死者と五九二人の負傷者を出したこの爆撃は、「スカーバラを忘れるな」と題される一連の募兵ポスターを生み出す。

右手に剣、左手にユニオン・フラッグをもった女神ブリタニア*が戦いを鼓舞している（図16）。背景には爆撃によって炎上する町。こぶしを突き上げながらブリタニアにつき従う男たちは、これから軍隊に志願するのであろう、平服姿で描かれている。攻撃を受けた直後は、これを防げなかったイギリス海軍に対する批判が噴出したものの、募兵委員会は、民間人に多数の犠牲が出たことを強調することでドイツへの復讐心をあおり、海軍への批判を巧みに封じた。

「イギリスの男たちよ！　黙って見ているつもりなのか」と題されたポスタ

図15　「行きなさい！」（東京大学大学院情報学環提供）

女神ブリタニア　グレイト・ブリテンを女神の形で擬人化した像。ローマ帝国の属州時代の名称であるラテン語のブリタンニア（Britannia）に起源をもつ。かぶとをかぶり、三叉の矛と盾を手にした形で描かれることが多く、イギリスの海軍力の象徴ともなった。

ーには、破壊された建物の前で赤ん坊を抱いたまま呆然と立ちつくす少女の姿が描かれている（図17）。キャプションには以下のようにある。

　スカーバラ、ウィッケナム通り二番地。一二月一六日のドイツ軍による爆撃のあと、F・フォクストンによって撮影された写真。この家は、ある労働者のもので、このなかで妻と二人の子ども、幼い方は五歳、を含む一家四人が殺された。

　この文章のあと活字は拡大され、爆撃による犠牲者の数が綴られる。「ドイツ侵略軍によって七八人の女性や子どもが殺され、二二八人が負傷した。」最後を締めくくるのは「今すぐ入隊せよ」の常套句である。説明文には「F・フォクストンによって撮影された写真」とあるが、ポスターに使われているのは明らかに写真ではなくイラストである。ここでは、このイラストと同様の写真が存在すること、つまり、ポスターに描かれた世界がけっしてフィクションではないことがほのめかされている。まるで新聞報道のように起こった事実だけを淡々と記すこうした手法は、ポスターという架空の世界に一定のリアリティを付与する効果を発揮し

図16「スカーバラを忘れるな」（IWM）

図17「イギリスの男たちよ！　黙って見ているつもりなのか」（IWM）

た。

一九一五年五月七日、イギリスの客船ルシタニア号がアイルランドの沖合いでドイツの潜水艦U-20に攻撃されたさいも、反ドイツ感情をあおるプロパガンダが展開された。一九一五年二月、ドイツはイギリス周辺海域を航行する船舶を、警告なしで攻撃する無制限潜水艦作戦*の実施を発表した。ルシタニア号には乗員・乗客あわせて二〇〇〇人近くが乗り込んでいた。船は爆撃を受けたあとわずか一八分で沈没したため、十分な救命措置をとることができず、一二〇〇人近くが犠牲になった。ニューヨークを出航し、リヴァプールへ向かっていたルシタニア号にはアメリカ人も多数乗船しており、一二〇〇人以上が犠牲になった。「ルシタニア号の悲劇」として連合国内で広く喧伝されることになるこの事件は、アメリカが第一次世界大戦に参戦する伏線の一つになったともいわれている。ドイツ側は、ルシタニア号は軍事物資を積載していたとして攻撃を正当化した。

ルシタニア号事件のあと、ドイツでは国内の戦意高揚をねらって軍事作戦の成功を祝う記念メダル▼が発売された（図18）。ドイツの芸術家カール・ゲッツによって制作されたメダルの表面には、船体を大きく傾けながら沈んでいくルシタニア号の姿が描かれている。船の全貌をとらえるのではなく、その一部を拡大することで、船に積まれた大量の武器が強調されている。裏面には、ルシタニア号の乗客が「死への切符」を購入するためにチケットブースに列をなす姿

無制限潜水艦作戦　無潜水艦が敵国の船舶に対し、警告で攻撃する作戦。国際法上は民間の非武装船や中立国の船舶への攻撃は原則として禁止されていたが、一九一五年二月、ドイツ軍はイギリスの海上封鎖等を目的として、イギリス周辺海域での無制限潜水艦作戦に踏み切った。ルシタニア号事件で国際的非難を浴びたため半年でいったん中止されたが、一七年二月、ふたたびイギリス、フランス周辺と地中海全域を対象とする作戦が実施された。

▼イギリス外務省の依頼を受け、ゴードン・セルフリッジ（セルフリッジ百貨店の創設者）が約三〇万個のメダルを複製し、販売した。収益は赤十字社に寄付された。

がブラック・ユーモアとして描かれている。ブースのなかで乗客に切符を売るのは骸骨で表現された死神で、その後の乗客の運命が不気味に暗示されている。列の最後尾に並ぶ客がドイツ語で「Uボートの危険」と書かれた新聞を広げ、その隣りで、駐米ドイツ大使のベルンシュトルフ伯爵がしきりに指をふって客に警告を与えている。じっさい、ルシタニア号が出航する直前の四月、アメリカのドイツ大使館は、イギリスの周辺海域を航行するイギリスおよびその同盟国の船舶すべてがドイツ海軍の攻撃の対象になるとの警告文を新聞に掲載していた。四月二二日付けで出されたこの警告文は、ルシタニア号の広告と並んで複数の新聞に掲載された（図19）。メダルの裏面にドイツ語で刻まれた「商売第一」の言葉には、事前に警告したにもかかわらず、ルシタニア号を所有するキュナード社が経済的利益を優先した結果、多数の犠牲者が出たとの皮肉がこめられている。

記念メダルを発売するというドイツ側の挑発行為に対し、イギリスは「怒り」で応えた。ルシタニア号の悲劇を題材にした「正義の剣をとれ」と題されたポスターでは、右手に剣をもち、怒りのこぶしを突き上げるイギリスの女神ブリタニアの姿が描かれている（図20）。海の上にそびえ立つブリタニアの背後には黒煙を上げながら沈んでいく船、波間には溺れる乗員の顔や手がリアルに描写されている。そこに「ルシタニア」の文字は一切ない。これは、誰もが「ルシタニア号の悲劇」を想起するであろうことを前提として描かれたポスタ

図18　ゲッツ制作のメダル。右（表面）、左（裏面）。（IWM）

ーなのである。ブリタニアが手にした剣をよく見てほしい。彼女はその柄を握ってはおらず、柄は画面の「こちら側」に向けられている。ブリタニアが差し出す剣をとって戦うのは、ポスターの「こちら側」にいる「まだ志願していない男性」に他ならない。男たちは、こうしたさまざまなプロパガンダを通して自国の女性を守るための戦いに駆り立てられていった。

2　白い羽運動

女性はポスターという架空の世界で、男たちを戦地にいざなうためのシンボル的な役割を果たしただけでなく、じっさいに街頭へ出て募兵活動を展開した。第一次世界大戦中、多くの女性を動員することに成功したのが、道行く男性に「臆病者」のしるしとして白い羽を手渡す「白い羽運動」である。白い羽運動は一九〇二年に出版されたA・E・W・メイソンによる小説『四本の羽』からインスピレーションを受けて組織された。『四本の羽』は、イギリス軍の将校としてスーダンの反乱軍と戦うハリー・フィーバーシャムの愛と友情の物語である。戦いに疑問を感じたフィーバーシャムは、軍を除隊して帰国することを決意する。イギリスに戻るさい、彼は部隊の仲間から三本の羽を手渡された。「傷ついた鳥の尾」を表す白い羽には、仲間を裏切り、敵前逃亡したフィーバーシャムへの侮蔑の念がこめられていた。フィーバーシャムが仲間を裏切った

図19　一九一五年五月一日付けの『ニューヨーク・タイムズ』。キュナード社の広告とドイツ大使による警告文が並んで掲載されている。

OCEAN TRAVEL.

NOTICE!

TRAVELLERS intending to embark on the Atlantic voyage are reminded that a state of war exists between Germany and her allies and Great Britian and her allies; that the zone of war includes the waters adjacent to the British Isles; that, in accordance with formal notice given by the Imperial German Government, vessels flying the flag of Great Britian, or of any of her allies, are liable to destruction in those waters and that travellers sailing in the war zone on ships of Great Britian or her allies do so at their own risk.

IMPERIAL GERMAN EMBASSY,

WASHINGTON, D. C., APRIL 22, 1915.

OCEAN TRAVEL.

CUNARD

EUROPE VIA LIVERPOOL

LUSITANIA

Fastest and Largest Steamer now in Atlantic Service Sails

SATURDAY, MAY 1, 10 A. M.

Transylvania - Fri., May 7, 5 P.M.

Orduna, - - - Tues., May 18, 10 A.M.

Tuscania, - - - Fri., May 21, 5 P.M.

LUSITANIA, - Sat., May 29, 10 A.M.

Transylvania, - Fri., 4, 5 P.M.

図20　「正義の剣をとれ」(IWM)

ことを知ったフィアンセは、帰国した彼に婚約の解消を告げる。彼女が婚約指輪とともにフィーバーシャムに手渡したのは、四本目の羽であった。

『四本の羽』は第一次世界大戦期のイギリスで多くの人々に読まれた人気小説であった。そのため、白い羽が「臆病」と「恥辱」のしるしであることは広く知られていた。この小説にヒントを得た元海軍中将チャールズ・ペンローズ＝フィッツジェラルドは、一九一四年八月三〇日、イングランド南岸の港町フォークストンで三〇人の女性を集め、道行く男性に白い羽を配るキャンペーンを開始した。八月三一日付けの『デイリ・メール』によると、この運動の目的は、国家の要請に耳をふさいでいる者に、「イギリスの兵士は海峡を越えた地で戦い、次々に命を落としていることを知らしめる」ことにあった。制服を着用していない平服姿の男性に白い羽を手渡すというこの行為は、やがて自発的な女性運動として全国に拡大していく。それは、志願制下にあっては、平服でいる男性にささやきかける良心の声として、徴兵制が導入されたあとは、良心的兵役拒否者を公の場でさらし者にする恥辱のしるしとして機能した。

男性の「良心」に働きかけ恥辱を与える主体は、女性でなければならなかった。本来、男性が守るべき対象である女性に「臆病者」の烙印をおされることは、男性にとって耐えがたい屈辱だったからである。白い羽が象徴する「飛べない鳥」は「戦わない男」の隠喩である。そこには、鳥が飛ぶことはきわめて自然であるのと同様、「戦うこと」は人間の男にとって当然の行為であるとの前提がある。「飛べない鳥」は、鳥ではない。白い羽には、「戦わない者」はもはや「男」ではないとの暗黙のメッセージがこめられていた。「男らしさ」というものがミリタリズムと直結する戦時にあって、運動の担い手となった女性は、平服の男性から、男としての誇りをもっとも残酷な形で奪いとったのである。

しかし、兵士たりえない女性が男性に「戦い」を強いるこうした行為は、必ずしも社会の幅広い賛同を得たわけではなかった。『タイムズ』の記者であったマイケル・マクダーナーは、一九三五年に出版した『第一次世界大戦期のロンドンにて』と題する著書のなかで、白い羽を配る女性を目撃した体験談を以下のように綴っている。

犠牲者は二人の若い男性で、彼らは夕刊を読んでいるところを三人の若い女性によって無作法に邪魔された。……「なぜあなたは入隊しないのですか。国王と国はあなたを必要としています。」少女の一人はひじょうにかわいらしかった。彼女は白い羽を男性のボタンホールに差し込んで彼に恥辱を与えた。彼女の軽蔑のまなざしが、一瞬、そのかわいらしい顔を台無しにした。

「犠牲者」「無作法に」といった表現から、記者が少女たちのこうした行為を快く思っていなかったことがうかがえる。戦う資格をもたない女性が男性に戦いを強いることは、一種の越権行為ととらえられただけでなく、彼女たちの

「かわいらしさ」、すなわち女性性をそこなうものとみなされたのである。

白い羽運動のターゲットとなったのは平服姿の男性であった。道行く男性が志願をためらう「臆病者」であるか否かは、兵士のシンボルである軍服を着用しているかどうかで判断するほかなかったからである。そのため、非番の兵士や負傷して帰還した元兵士に「誤って」白い羽を渡してしまう可能性も常に存在した。祖国のために勇敢に戦っている（戦った）にもかかわらず白い羽をつきつけられた男性は、どのような反応を示したのだろうか。

前述のマイケル・マクダーナーは、大戦期にしたためた日記のなかに、次のような逸話を残している。

勇敢な若い将校が最近、ヴィクトリア十字勲章*をバッキンガム宮殿で国王に授与された。同じ日、彼は平服に着替えハイドパークに腰かけて煙草を吸っていた。すると少女が寄ってきて蔑むように彼に白い羽を手渡した。彼は一言も言い返さず羽を受け取り、それをヴィクトリア十字勲章の横に差した。彼は友人に対し、おそらく自分は同じ日に勇気と臆病という二つのエンブレム、すなわちヴィクトリア十字勲章と白い羽を同時に受け取った唯一の人間だと思うと語ったという。一週間後、彼は前線に戻り、そこで名誉の戦死を遂げた。

ヴィクトリア十字勲章
敵前で勇敢な行動をとった兵士に授与されるイギリスにおける最高位の勲章。受章者は名前の後にVCの称号をつけることを許される。一八五六年、ヴィクトリア女王がクリミア戦争で戦功をあげた兵士に授与したことにはじまる。十字の中央には王冠とライオンがあしらわれ、「勇気に対し」の文字が刻印された。第一次世界大戦はもっとも多くの受章者を出しており、その数は六〇〇を超えた。

また、J・P・コープスという人物は、一九六四年にBBC*のインタビューを受け、次のように語っている。彼は、妻が軍服を殺菌消毒していたため、平服を着て街に出ていた。すると三人の若い女性がやってきて、コープスの手に三本の白い羽を握らせた。妻はこれに激怒し、女性たちに翌日もう一度同じ場所に来るよう迫った。

> 翌日、私は軍服を着用してすべての記章を身につけ、彼女たちに会いに行き、白い羽をもう一度渡すように言った。彼女たちは恥じ入って、とてもそのようなことはできなさそうだったので、私たちは彼女たちのそばを離れ、カフェに入った。女性たちは私たちについてきて、妻にお茶の代金を払いたいと言った。妻はそれを断ったうえで、夫は戦争が勃発した最初の年に出征し、戦闘で二ヶ所負傷し、二度毒ガス*にやられたと語った。

伝聞の形をとることが多かったこの種の逸話に、少なからぬ誇張が含まれていたことは想像にかたくない。戦闘中に体の一部を失った元兵士に運動員が誤って白い羽を渡してしまうというエピソードは、その信憑性を疑いたくなるほど同時代の著作にあふれている。徴兵を拒否して投獄された経験をもつルーベン・ファロウがのちに著した回想録にも、白い羽をめぐる典型的なエピソードが綴られている。

BBC
イギリス放送協会（British Broadcasting Corporation）の略称。一九二七年に民間の放送会社が公営化されて誕生した。

毒ガス
一九一五年四～五月の第二次イープル戦でドイツ軍がはじめて塩素ガスを使用したのを機に、窒息剤のホスゲンやジホスゲン、糜爛剤のイペリット（マスタードガス）など、両軍あわせて約三〇種類もの毒ガスが使用された。その被害は一三〇万人におよび、約九万人の戦死者が出たとされる。

ある女性がトラムのなかで若い男性に蔑むように尋ねた。「なぜあなたは自分の任務を回避しているのですか。」男性は黙ってポケットから切断された腕を出し、彼女に見せた！　困惑した女性はすぐに謝り、急いで電車を降りた。

また、大戦当時一〇歳の少女だったルース・L・ブラウンは、のちにBBCのインタビューに対し、自らの体験を以下のように語っている。

イーリングのケント・ガーデン近くのバス停に、ある若い男性が座っていた。……ある婦人が彼に近づき、何かを話しかけ、小さな白い羽を手渡した。若い男性は羽を受け取り、しばらくそれを触っていたが、突然、椅子の下に隠れていた足を動かし、彼女に見せた。なんと、彼の足はなかったのだ。

前線の恐怖を想像させるショッキングな体験談である。壮絶な戦いの記憶が刻まれた身体を前に、女性は逃げ出す以外にすべがない。この種の逸話は、白い羽運動を批判するさいによく引き合いに出された。その真偽はともかく、こうした「語り」のなかで注目すべきは、白い羽が与えた恥辱に対し、「戦う（戦った）男」の多くが、さして抵抗することなく無言を貫いている点である。女性に白い羽を渡されて激怒したり、声をあらげて抗議したりするのは、男性ではなくその妻である。妻による抗議は、侮辱された夫（そして妻自身）の名誉を守ろうとする行為に他ならなかったが、夫の沈黙は、白い羽運動が引き起こす衝突を、(男がとりあうべきではない)「女同士の争い」に押しとどめる役割を果たしている。女性を募兵運動に動員し、最大限に活用しながら、一方で、「女性らしさ」をそこなうものとみなしてこれを嘲笑する。男性が戦場で負った生々しい傷痕を前に、這々の体で逃げ出す女性たちは、臆病者のレッテルを貼られた男性以上の侮蔑にさらされたのである。

白い羽運動は、「臆病者」を蔑むことそのものではなく、彼らを戦場にいざなうことを目的としていた。そのため、白い羽運動に携わった女性たちは、運動に触発されて兵士となった「英雄」に対し、賛辞を惜しまなかった。大戦が勃発して一年ぐらいが経過した頃、H・サイモンズは魅力的な若い女性がロンドンのハイドパークコーナー*で募兵のためのスピーチをしているのを聴いた。彼はそのときまだ一七歳だったが、「女性がやさしく白いアヒルの羽をボタンホールに差し込んだとき、すぐにでも出征したくなって、募兵事務所に駆け込み、自分の年を二歳詐称し、陸軍に入隊した」。サイモンズはのちにBBCのインタビューを受け、こう語っている。

私はおそらく、白い羽をもらったあと、それを返し、代わりにキスをもらった唯一の人間だろう！　軍服を着用するようになってから三〜四日後、私はふたたびハイドパークで彼女の演説を聴いていた。彼女は私に気づいて近づいてくると、

ハイドパークコーナー
ハイドパークの北東角に「スピーカーズコーナー」と呼ばれるスペースがある。ここでは法に触れない範囲でどのようなテーマについても論じることができるとされ、警察もここでおこなわれる演説に対しては寛容な態度を見せた。

羽を返してくれるよう頼んできた。喚声と冷やかしのただなかで、私は白い羽を彼女に返した。彼女は涙を浮かべて私にキスをし、「神のご加護を」とささやいた。

サイモンズは、彼女がボタンホールに白い羽を差し込んだとき、これを「蔑み」としてではなく、一種の「誘惑」として受け取った。それは、出征年齢に達していなかった彼に「平服でいること」へのうしろめたさがなかったせいかもしれない。しかし、おそらくそれだけではないだろう。男性を戦地にいざなう白い羽は、それが女性によって手渡されるがゆえに、ある種の性的ニュアンスをともなっていた。白い羽を手渡す若い女性は、戦わない男に恥辱を与えるだけの存在ではなかった。それは、戦う男だけに与えられる一種の「褒章」の役割すら果たしていたのである。

第2章　ベルギーの凌辱

ウェストミンスター寺院でのイーディス・カヴェルの葬儀（William Hatherell, 1919）（Imperial War Museum）

1　「ベルギーを忘れるな」

男性に武器をとらせるもっとも効果的な手段とは、敵国による非戦闘員、とりわけ女性に対する敵軍の残虐行為を喧伝することであった。とくに、性暴力の暗示を含んだプロパガンダは、男性を「男としての行動」、すなわち、母国を、家庭を、そして女性や子どもたちを守るための戦いに駆り立てる手段として多用された。この種のプロパガンダにおいて、「犠牲者」の表象として頻繁にもちいられたのが、中立国でありながらドイツの侵略を受けたベルギーである。ドイツ軍がベルギー領内に侵攻した一九一四年八月四日、イギリスはドイツに宣戦を布告した。開戦当初、イギリス世論は必ずしも戦争支持で一致していたわけではなかった。イギリスの参戦を正当化し、揺れる世論を一つにまとめあげるうえで、「ドイツに蹂躙されるベルギー」の果たした役割は重要であった。

募兵委員会が大戦初期に製作したポスターのなかに「イギリスの女性たちへ」と題するものがある。イラストは一切描かれておらず、四つの、しかも比較的長文の質問が羅列された独特のポスターである（図21）。

1　あなたはドイツ人がベルギーで何をしたか読んだことがありますか？　ドイ

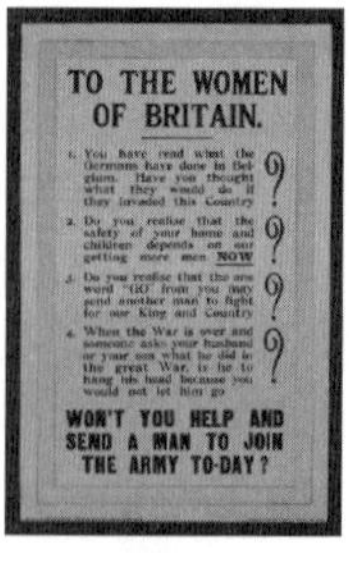

図21　「イギリスの女性たちへ」（IWM）

ツ軍がもしこの国に侵略してきたら、彼らは何をすると思いますか？

2　あなたの家庭と子どもたちの安全は、今われわれが、どれだけ多くの男性を兵士にできるかにかかっているということがわかっていますか？

3　あなたからの「行きなさい」の一言で、男性は国王と国のために戦地に送り出されるということがわかっていますか？

4　戦争が終わって、誰かがあなたの夫や息子に、大戦のときに何をしたかと問うたとき、あなたが彼らを戦場に行かせなかったら、夫や息子は頭を垂れなければならなくなると思いませんか？

四つの質問は、どれも同じことを尋ね、同じ答えを求めている。ここで前提にされているのは、「ベルギーの女性の身に何が起こったのか」をみなが知っており、かつ、それを「最大の悲劇」ととらえる価値観を共有している点である。レイプの恐怖をほのめかすこうしたポスターは、「戦えない性」としての女性に、別の形で戦争に協力すること、すなわち、男性を戦地へ駆り立てる募兵活動に「主体」となって取り組むを要請している。

図22はベルギーの悲劇をイギリスにおける平穏な暮らしぶりと対比したポスターである。「われわれ」の世界、すなわちイングランドでは、母や妻たちは安心して暮らすことができ、子どもたちも無邪気に

図22　「ドイツ軍［に蹂躙されたベルギー］とわが国」（IWM）

遊んでいる。しかし、ドイツ軍の攻撃を受けた「彼ら」ベルギー人はどうだろうか。家は破壊され、女性たちは殺害されるか、「もっと恐ろしい目」にあわされている。女性にとって殺されることよりも恐ろしいこと、それは、敵兵によって加えられる性暴力に他ならなかった。ポスターは、殺害やレイプの恐怖をあおったうえで、「あなたを救ってくれる男性を支援せよ」とのメッセージで結ばれている。このポスターが「受け手」として想定しているのが女性であることはいうまでもない。女性や子どもを敵の魔の手から救えるのは、前線で戦う兵士のみである。彼らを「バックアップ」、すなわち、後方（銃後の世界）で支援すること。それこそが戦時下の女性に課された最大の任務であった。

イギリスでは、参戦を正当化し、効果的かつ持続的な募兵活動をおこなうべく、「ベルギーを忘れるな」をスローガンとするキャンペーンが展開された。図23は、そうした募兵ポスターの一つで、女性に対する性暴力の恐怖を生々しく表現したものである。血のしたたる銃剣を握りしめ、狂気に満ちた表情で女性を踏みつけるドイツ兵の姿。胸部から血を流して横たわる女性がドイツ兵に凌辱されたことは、構図から見ても明らかである。遺体のそばには、母の腕からすべり落ち、ドイツ兵の前で無防備な姿をさらす乳児。背景には、炎と白煙を上げる建物の前に折り重なる少女の死体。性暴力を受けた女性の恐怖と屈辱、子どもたちの哀れな

図23　「ベルギーを忘れるな」（IWM）

最期が、痛ましいほど直截的なタッチで描かれている。

ポスターの右側には実在する新聞記事が印刷され、ショッキングなこの絵が想像上の産物ではないことを「証明」している。記事は一九一四年一二月九日付けの『デイリ・テレグラフ』*と『タイムズ』*から抜粋されたもので、前者は、アメリカ人の従軍記者、アレクサンダー・パウエルによるドイツ軍将校へのインタビュー、後者は前線から寄せられたイギリス人将校による投書である。虐殺を否定するドイツ軍将校に対し、記者は、手足を切断された女性の遺体をいくつも目撃したうえ、母の腕のなかで射殺された二歳の少女の葬式にも参列したと主張している。また、『タイムズ』に投書してきたイギリス人将校は、ドイツ兵に乳房を切断されかけているところを救出した少女についてこう綴っている。「今、彼女は私たちが保護しているが、まもなく死んでしまうであろう。彼女はとても美しいが、まだわずか一九歳である。身につけていたのはシャツ一枚だけであった。」ポスターは、「このようなことが起こっているのに黙って見ているつもりなのか。前線で戦うわれわれの勇敢な兵士は君の助けを必要としている。今こそ志願を」とのメッセージで結ばれている。女性を凌辱したうえ、その遺体を踏みにじるドイツ兵の非人道性と狂気が、これを告発するイギリス人将校の理性と対置される形で強調されている。

中立を宣言しながらドイツの侵攻を受けたベルギーは、「怪物」に凌辱される「かよわき少女」として表象された。図24は一九一八年にアメリカで製作さ

『デイリ・テレグラフ』 一八五五年創刊の日刊紙。主に保守的中流層の支持を受けたが、ロンドン初の一ペニー新聞として幅広い読者の獲得に成功した。戦間期には『モーニング・ポスト』を吸収合併した。

『タイムズ』 一七八五年、『デイリ・ユニバーサル・レジスタ』としてジョン・ウォルターによって創刊され、一七八八年に『タイムズ』と改称した。一九世紀半ば頃にはイギリスの世論形成にもっとも大きな影響力を与える新聞に成長した。

図24　「ベルギーを忘れるな」
（東京大学大学院情報学環提供）

れた戦時公債の購入を呼びかけるポスターである。口髭をはやし、スパイクつきの鉄兜をかぶったドイツ軍兵士が、抵抗する少女の手を引いて連れ去ろうとしている。背後に描かれた燃えさかる炎が、二人のシルエットを不気味に浮び上がらせ、少女の過酷な運命を暗示している。注目すべきはベルギー侵攻から三年ものちに参戦したアメリカで、「ベルギーを忘れるな」のスローガンがふたたび掲げられている点である。第一次世界大戦期を通して、「ベルギーの凌辱」はドイツの残虐性を象徴するものとして、すなわち対独戦争に正義を与えるものとして機能し続けたのである。

ドイツ兵に連れ去られる哀れな少女の姿は、ドイツの野蛮さと戦争が与える最大の恐怖をダイレクトに表現している。女性、とりわけ罪もない無垢な少女に対する性暴力は、戦争がもたらす恐怖のメタファーとして、アメリカにおける募兵キャンペーンでもくり返し活用された。

2　ブライス委員会報告

ドイツによる中立国ベルギーへの侵略は「ベルギーの凌辱」として広く喧伝され、民間人の処刑や強制連行、女性や子どもに対する暴力や虐殺行為が、「目撃者による証言」の形をとって連日のように報道された。大衆紙のみならず『タイムズ』をはじめとする高級紙も同様の記事を掲載したため、その信憑性を疑う声はほとんど聞かれなかった。こうした報道を受けて、イギリスでは、ベルギーにおけるドイツ軍の非道行為の実態を調査するブライス委員会[*]が発足し、一九一五年四月に、三六〇ページにおよぶ証言の要約と、三〇〇ページの事例集からなる報告書を公刊した。「この記録を読むのは国民一人一人の義務である」との一文を含む冒頭部分は、そこに記された内容が想像をはるかに超える衝撃的なものであり、かつ、まぎれもない真実であるとの確信を読者に抱かせるものであった。

ドイツ軍がベルギー国境を越えておよそ三ヶ月間で国土の大半を占領すると、ドイツ皇帝直属のドイツ人総督が支配の実権を握った。ベルギー議会は解散し、政府はフランスのルアーブルに亡命、多くの民間人が難民となって、オランダやフランス、そしてイギリスに逃れた。ブライス委員会は、イギリスに逃れてきたベルギーの元兵士や民間人、ベルギーで戦ったイギリス兵など一二〇〇人に対するインタビューをもとに、ドイツ軍の残虐行為に関する調査をおこなった。報告書に事例として掲載されたのは、このうちの五〇〇証言である。調査の対象には、ドイツ人捕虜三七人から没収した日記も含まれていた。

ブライス委員会が調査の過程でとくに注目したのは、女性や子どもに対する虐殺・虐待行為であった。報告書によると、ベルギー東部のリエージュでは、ドイツ兵が女性や子どもを執拗に追いまわし、虐待や虐殺をくり返した。街の中央の市場では、若い女性に対するレイプが公然とおこなわれ、五人の若いド

*ジェイムズ・ブライス**　一八三八～一九二二年。自由党選出議員として外務次官やアイルランド担当相を歴任し、一九〇七年から一三年まで駐米大使をつとめた。一九一四年、子爵。法学者、歴史学者として名声を博し、ドイツの複数の大学から博士号を取得し、ドイツ皇帝からメリット勲章を授与されるなど、世界的にも著名な知識人であった。

イツ人将校がこれを幇助《ほうじょ》した。アールスホットでは、燃えさかる家々から逃げ出した人々がドイツ軍によって一人一人狙い撃ちされた。

ブライス委員会が集めた証言者の話にたびたび登場するのが、身体の一部を切断するという猟奇的行為である。こうした残虐行為は軍隊が街や通りを占拠していく過程で頻繁に起こったとされた。武器を手に決死の抵抗を試みるベルギー民兵に対する「見せしめ」としてなされることもあったが、ときには、ただ犠牲者が身につけていた指輪を奪うためだけに腕が切断されることもあったという。幼い子どもまで含め一家全員をみな殺しにしたり、生きたまま焼き殺したり、幼い子どもの体を銃剣で突き刺すなどの残虐行為も多数報告された。ブライス委員会は、幼い子どもへの残虐行為に触れ、ひかえめながらも以下のような告発をしている。

ホフスタード、ゼムスト、ハーヒト、ロッェラール、ウェスペラールで、多くの子どもたちが殺された。タミーヌ（タミンヌ）の村では三人の幼い子どもたち（彼らの名前は犯罪行為を目撃した証言者の協力で判明している）が明らかな理由もなく戸外で惨殺された。そのような行為に走る動機を想像するのはむずかしい。ベルギーの市民であればドイツ兵に発砲することもあったかもしれない。しかし幼い子どもたちにはとうていそのようなことはできないのだから。

　ブライス委員会が検証した証言のなかには、ドイツ軍が民間人や捕虜を「人間の盾」として利用したとするショッキングなものも含まれていた。イギリス兵五人が証言したところによると、八月二四日、ベルギーのモンスで、イギリス軍と対峙したドイツ軍が、攻撃を避けるために民間人を「盾」として利用した。当時、ドイツ側が進軍を試みた道路は、前方七〇〇～八〇〇ヤードほどがイギリスのライフル部隊におさえられていた。これを見たドイツ軍は、一三人から二〇人くらいの女性と一二人ほどの子ども、そして六人ほどの男性を「盾」に進軍した。その様子は、当時、現場近くの別の通りにいたフラマン人も目撃しており、イギリス兵と同様の証言をした。また、ベルギー国境に近いフランス北部のランドルシーとギーズの間では、ドイツの槍騎兵が、七～八人の女性と五～六人の幼児を「人間の盾」として利用した。九月初旬には、ベルギーのマリーヌで、約一〇人の子どもたちが互いにロープでつながれ、ドイツ軍の前方に押し出された。さらに、ウィルブルックの近くでは、多くの子どもと女性一人、老人一人からなる民間人がドイツ軍の「盾」に使われた。女性が前方に進み出ることを拒否すると、ドイツ軍は女性を銃剣で二度突き刺し、その様子を見て母親のもとにかけよった幼児もまた、ライフルで頭を撃ちぬかれた。同様に、イープルで銃剣で脅されながらドイツ軍の前方に押し出された女性は、そのときに受けた傷を「証拠」として調査団に見せたという。

「人間の盾」にまつわる証言は、戦争の恐怖と敵軍への憎悪を掻き立てるものとして、反ドイツ・プロパガンダに多用された。図25のポスターはその典型例である。幼子を抱いて片手をあげる女性。恐怖におののいたその目は、かっと見開かれている。銃をつきつけられた女性の姿は、その背後で身を潜めるドイツ兵の卑劣さをいやおうなく際立たせている。ブライス委員会が報告書に記した身の毛もよだつような事例は、こうしたプロパガンダポスターによって視覚化され、人々の心に刻まれていった。

　ブライス委員会は聴き取り調査によってベルギーにおけるドイツの残虐行為の実態を明らかにすることを目的としていたが、そこには大きな壁が立ちはだかっていた。ブライス卿をはじめ委員会のメンバーは証言者と直接面談する機会を与えられず、法廷弁護士による面談記録をもとに報告書を作成しなければならなかったからである。証言者の身元の特定につながるような情報は、「ベルギーに残された親類の安全を守る」ことを理由に伏せられただけでなく、証言に先立つ宣誓もおこなわれなかったため、証言者が偽証の罪に問われることもなかった。事の性質上、証言が事実であるか否かの確証を得ることはむずかしく、委員会でも証言内容の真偽について慎重な議論が重ねられた。委員の一人で『エディンバラ・レビュー』の編集長であったハロルド・コックスは、一一六の証言を「信憑性がない」として却下した。また、法学者で歴史家のサー・フレデリック・ポロック*は、委員会の席上、一部の証言について「ヒステリックな作り話か妄想にすぎない」とすら発言している。

図25　人間の盾にされる住民たち
(Cate Haste, *Keep the Home Fires Burning*, London, 1977, p. 103.)

フレデリック・ポロック　一八四五〜一九三七年。法学者。一八八三年から一九〇三年までオクスフォード大学で教鞭をとる。フレデリック・メイトランドとの共著『イングランド法の歴史』（一八九五年）をはじめとする多くの著作で知られ、イギリスにおける法学教育の近代化に尽力した。

結局、ブライス委員会は個々の事例に裁定を下すことを避け、「記録の集積」に力点をおいた。その多くは証言内容を淡々と記録したのみであり、個々の語りの威力という点では、新聞によるセンセーショナルな報道には遠くおよばなかった。しかし、三〇〇ページにわたって積み上げられた膨大な数の証言は、量的な力となって、逆にこの報告書の「威力」を高める結果になった。委員長をつとめた元駐米大使ブライス卿の名声も手伝って、報告書はベルギーにおけるドイツ軍の残虐行為を内外に広く喧伝する効果を発揮した。

ブライス報告書が公刊された一九一五年の四月は、大戦が当初の予想に反して長期化することがほぼ確実視された時期でもあった。報告書が公刊されたのは、ルシタニア号の撃沈事件からわずか五日後のことで、アメリカをはじめとする中立国でも、反ドイツ感情がかつてないほどの高まりを見せていた。ドイツ軍が大規模な毒ガス攻撃に着手したのも、飛行船ツェッペリン*がイギリス上空に姿を現し人々を恐怖に陥れたのもこの時期である（図26）。一九一五年五月二一日、ブライス報告書の抜粋を掲載した「女性社会政治同盟*（Women's Social and Political Union）」の機関誌『サフラジェット』は、赤ん坊や妊婦の殺害、レイプ、乳房の切断といったドイツ軍による残虐行為を列挙し、「ドイツがもしイングランド上陸を果たしたら、恐怖、肉欲、そして略奪で満たされるだろう」と恐怖をあおった。

ブライス報告書に記されたような残虐行為は加害者と被害者を入れ替えた形

ツェッペリン
フェルディナント・フォン・ツェッペリンが開発した硬式飛行船。ツェッペリン社製以外の飛行船もしばしばこの名で呼ばれた。通常の飛行機よりも高い高度を維持し、より多くの貨物を積載することができたため、第一次世界大戦では偵察機としてだけでなく爆撃機としても使用された。その巨大な船体は人々に心理的恐怖を与えたが、低速で船体が大きいため標的にされやすく、また、水素ガスを充填していたため燃えやすいなどの欠点も多かった。

女性社会政治同盟
一九〇三年、エメリン・パンクハーストとその娘たちによって結成された女性参政権組織。組織の拠点をマンチェスターからロンドンに移してからは、窓ガラスの破壊や投石、放火など、世間の注目を集める戦闘的な手段に訴えるようになった。大戦の勃発とともに女性参政権運動の休止を宣言した。

でドイツでも喧伝された。市街地の制圧をともなう戦闘に、民間人の犠牲はつきものであったし、ベルギー民兵による根強い抵抗も被害が拡大する原因の一つになった。また、ブライス報告書が主に依拠したのは、ベルギー難民やイギリス兵による証言であり、その多くはかなりの誇張を含んだものと考えるべきであろう。

しかし、ブライス報告書は、そうした「偏り」を批判されることなく圧倒的な影響力をもって世界に広まっていった。報告書は公刊からわずか二ヶ月で一〇の言語に翻訳された。委員の一人で、のちにブライス卿の伝記を著した歴史家のH・A・L・フィッシャーによると、ブライス報告書は最終的に二七の言語に翻訳されたという。戦争が長期化・泥沼化していくなかで、ブライス報告書は、ドイツの非人道性を証言の厚みで実証するものとして、世界中に流布した。それは、世界的権威をもつ人物が作成した客観的な報告書という形をとった、究極のプロパガンダでもあったのである。

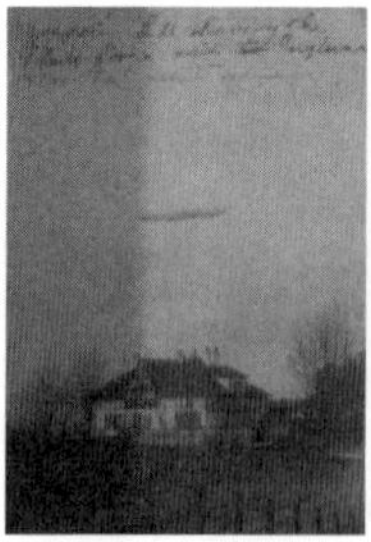

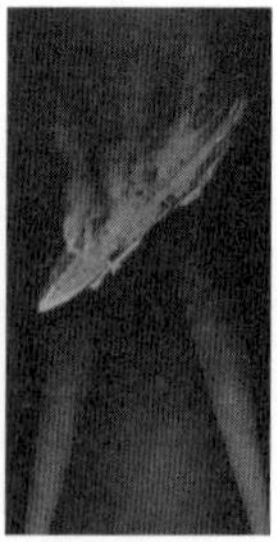

図26　イギリス上空を飛行するツェッペリン（左）と、炎上し墜落するツェッペリン（右）（Richard Van Emden and Steve Humphries, *All Quiet on the Home Front*, Kent, 2003, p. 158.）

3　イーディス・カヴェル事件
――ベルギーに散ったイギリス人看護師

「ベルギーの悲劇」はベルギー人にのみ襲いかかったわけではなかった。ドイツ占領下のベルギーで活動したイギリス人看護師イーディス・カヴェル事件は、そのことを示す格好の事例である。カヴェルは、一九一五年七月、ドイツ秘密警察に逮捕され、約二ヶ月後に反逆罪で処刑された。看護学校の校長となるためにベルギーへ渡った彼女が、なぜ反逆罪に問われることになったのか。大戦に翻弄された彼女の人生をたどってみよう。

イーディス・カヴェルは一八六五年一二月四日、ノーフォーク州のスウォーデストンに教区牧師の娘として生を受けた。ロンドン、ブリストル、ピーターバラと三つの寄宿学校で学んだカヴェルは、二〇歳のときガヴァネス*としてエセックスの牧師の家庭に入った。そのままガヴァネスとしての道を歩んでいれば、あるいは他の多くの女性と同じように結婚して新たな家庭を築いていれば、おそらく「悲劇」に見舞われることもなかったであろう。彼女の人生の転機は、三〇歳になった一八九五年に訪れた。この年、カヴェルはガヴァネスの職を辞し、ロンドンの病院で見習い看護師として人生の再スタートを切ったのである。一八九八年に看護師の資格を取得したカヴェルは、複数の病院を渡り歩いたのち、一九〇七年、ベルギーのブリュッセルに新設される看護学校の校長に就任するため海を渡った。

大戦が勃発したとき、カヴェルはイギリスでつかのまの休暇をとっていたが、開戦の知らせを受けると、すぐにベルギー行きの船に飛び乗った。看護学校に戻ったのは八月三日。それは、ドイツがフランスに宣戦を布告した日のことであった。カヴェルが校長をつとめていた学校は赤十字病院に転用されることに

ガヴァネス
住み込みの女性家庭教師。裕福な家庭の子女にマナーや嗜みを中心とする教育を与えた。何らかの理由で自活を余儀なくされた中流階級女性が、体面を保ちつつ働ける数少ない職業の一つであった。

なり、カヴェル自身も看護師として赤十字に入隊した。八月四日、中立を宣言していたベルギーにドイツ軍が侵攻を開始する。ドイツ軍がブリュッセルまで三〇マイルの距離に迫った八月一九日の様子を、当時、看護学生であったジャクリーン・ヴァンティルは、のちに出版する回顧録『ベルギーでイーディス・カヴェルとともに』のなかで次のように記している。

プロシア軍が侵攻する前の晩のことを忘れることはないだろう。病院の屋上にのぼって空を見上げると、東の空が赤く燃え、分厚い黒い煙が渦巻いているのが見えた。それは恐怖を掻き立てる光景で、轟く銃声がさらにその効果を高めていた。振動があまりに激しく、私たちのまわりの窓がことごとく割れた。……私たちはみな恐ろしさにふるえていた。マダム［カヴェル］は階段の踊り場で泣いている私たちを見つけ、私の顔をのぞきこんだ。マダムの威圧するような目つきには、いくぶんやさしさもまじってはいたが、もうあなたの命は、あなただけのものではなく、看護師というあなたの義務に捧げられているのだからと諭し、私たちを落ち着かせた。彼女は説得が必要なときには、どのような言葉を選ぶのが適切なのか、いつもよくわかっていた。

同じ夜、カヴェルは、郵便機能が麻痺することを恐れ、あわてて母親宛てに手紙を書いている。

お母さまがこの手紙の封を開ける頃、私が恐れていた事態は現実のものとなり、ブリュッセルは敵の手に落ちていることでしょう。ドイツ軍はもう間近に迫り、連合軍がこれを阻止できるか疑わしくなってきました。私たちは最悪の事態を覚悟しています。グレイシーや他の看護師たちにも家へ帰るようすすめました。でも、誰も私のそばを離れようとはしません。私は彼女たちの勇気をありがたく思っています。……年金基金に一〇〇ポンドあります。一切手をつけていません。私の愛情のしるしとしてお母さまに受け取ってほしいと思っています。

カヴェルがこの遺書めいた手紙を投函した翌日の八月二〇日、ブリュッセルは陥落した。ドイツ軍はすぐさま、ベルギー在住のイギリス人看護師に帰国命令を下す。カヴェルはこれに応じず、まずドイツ人看護学生を、次にイギリス人やオランダ人の学生を帰国させたうえで、少数の看護師とともにベルギーにとどまり、負傷兵の看護を続けた。

二ヶ月後、一人の男性が怪我人をともなって病院を訪れ、カヴェルに面会を求めてきた。鉱山技師のハーマン・カピオである。カピオが連れてきたのは、モンスの戦い*でイギリス軍のチェシア連隊第一部隊を指揮していたダドリ・ボーガー中佐とフランク・ミーチン二等准尉であった。カピオは、二人は数週間にわたって逃走を続けてきたが、国外に脱出する手はずが整うまで、ブリュッセルの安全な場所でかくまう必要があるので手助けしてほしいとカヴェルに頼

モンスの戦い
一九一四年八月にベルギーのモンスで起こったイギリス軍とドイツ軍の戦い。両軍が衝突した西部戦線最初の戦いとなった。

んだ。大佐は足に大怪我を負っていた。靴下は傷口に深く食い込み、壊疽しかかっていた。軍曹は頭部を負傷していた。カヴェルは躊躇なく二人を受け入れ、二週間、病院にかくまった。

カヴェルは、これをきっかけに、その後九ヶ月にわたって対独レジスタンスに協力した。病院関係者や看護師たちはカヴェルが兵士をかくまっていることを知らされなかったため、彼女が逮捕されたあとも、共犯の罪に問われることはなかった。カヴェルのもとに送り込まれてくる兵士の数はしだいに増えていった。カヴェルは傷ついた兵士を手当てし、食事と宿を提供しただけでなく、彼らをオランダ国境に逃がすための資金もわずかながら醵出《きょしゅつ》した。しかし、その活動は長くは続かなかった。一九一五年七月三一日、カヴェルが支援していた対独レジスタンスの中心人物、建築家のフィリップ・ボークと教員のルイーズ・テュルーズがドイツ秘密警察に逮捕されたのである。ボークはレジスタンスの機関紙『自由なベルギー人』の編集長もつとめる「大物」であった。二人が逮捕された五日後、捜査の手はついにカヴェルにもおよんだ。のちに、ドイツ軍の協力者としてフランスで逮捕されることになる人物の密告によるものであった。

事件にかかわったとして逮捕されたのは、資金や隠れ家の提供者や案内人など、カヴェルを含め三五人にのぼった。カヴェルはセント・ジル監獄に一〇週間にわたって拘禁された。最後の二週間を過ごした独房は、幅二・五メートル、奥行き四メートルの小部屋で、窓は上方に一つあるのみであった。折りたたみ式の簡易ベッドと小さな戸棚がしつらえられるなど十分な設備がととのえられており、カヴェルはここで最後の時間を静かに過ごすことができた（図27）。

裁判はカヴェル逮捕から二ヶ月後の一九一五年一〇月七日に開始された。裁判にさいし、カヴェルは逮捕時に着用していた看護学校の制服ではなく、私服を着用することを強く望んだ。兵士の隠れ家となった病院の関係者に捜査の手がおよぶことを恐れたためである。カヴェルは、看護学校に手紙を書き、病院に残してきた衣服のなかから、ブルーのコートとスカート、白いモスリンのブラウスに厚手の手袋と毛皮のストールを送ってもらうよう頼んでいた（図28）。看護学校の校長としてではなく、また、赤十字部隊の看護師としてでもなく、一民間人として裁判にのぞんだカヴェルは、裁判初日の一〇月七日、主席検事による尋問を受けた。

主席検事　一九一四年一一月から一九一五年七月までの間、あなたはフランスやイギリスの大佐を含む兵士に、平服を着せ、宿を提供しました。あなたは徴兵年齢にあるベルギー人やフランス人、イギリス人が前線へ行く手段を提供し、彼らをあなたの病院にかくまい、彼らにお金を渡しましたね。

カヴェル　はい。

主席検事　リーダー、すなわち組織の発起人は誰ですか。

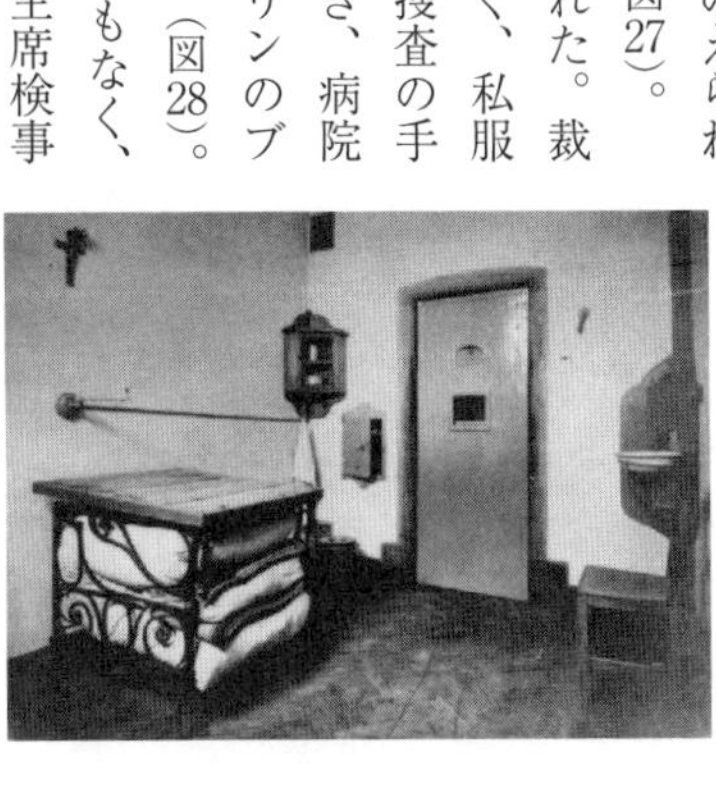

図27　カヴェルが収監された独房（IWM）

図28　裁判にのぞむカヴェル（Diana Souhami, *Edith Cavell*, Lonon, 2010, p. 273.）

カヴェル　組織に責任者はいませんでした。

主席検事　なぜこのようなことをしたのですか。

カヴェル　最初は二人のイギリス人が送られてきたのです。一人は瀕死の状態にあり、一人は負傷していました。

主席検事　これらの人々が国境を渡ったあと、何らかの便りがありましたか。

カヴェル　四～五人からはありました。

主席検事　あなたの行為がドイツの不利益になり、敵国の利益になることがわかっていましたか。

カヴェル　私の関心事は敵［この場合は連合軍］の手助けをすることではなく、私を頼ってくる人々を助けることでした。ひとたび国境を越えれば、彼らは自由です。

主席検事　あなたは何人の人間を国境沿いに逃がしましたか。

カヴェル　約二〇〇人です。

フランス語でおこなわれた彼女の自己弁護はわずか一三〇語、尋問の時間は四分にも満たなかった。

カヴェルが関係した事件の被告は三〇人にのぼったが、裁判はわずか二日で結審した。週末をはさんで一〇月一一日、カヴェルは連合軍兵士の逃亡を幇助した罪で極刑を宣告された。ドイツの軍法第九〇項では、「敵を利する目的で、すなわち、ドイツ軍およびその同盟軍の戦争行為を妨害する目的で敵軍に兵士を送り込んだ者は、「反逆罪で死刑」と定められていた。同法は戦争中にあってはドイツ人だけでなく外国人にも適用されることになっていたため、帰国命令に逆らってドイツ占領下のベルギーにとどまったカヴェルは、罪を免れることはできなかった。

死刑判決の報を受け、イギリスの外務省はすぐに対応策を協議した。しかし、法に則った判決である以上、刑の執行を回避することはきわめて困難であるとの結論に達した。ドイツ政府に圧力をかけたのは、カヴェルの母国であるイギリスではなくアメリカだった。この時期まだ参戦していなかったアメリカは、中立的な立場からドイツに外交的圧力を加えることが可能だった。アメリカ政府はすぐさま使節団をブリュッセルに派遣し、ドイツ政府に対し、カヴェルの刑を執行すればドイツの国際的信用は失墜することになるだろうと警告した。

ドイツ政府内でも、カヴェルがすべての罪を認めていること、連合軍兵士だけでなくドイツ軍兵士にも救いの手を差し伸べていることなどを理由に減刑すべきであるとの声があがっていた。しかし判決の翌日、軍部はこうした外部からの圧力にあらがうかのように刑の執行を強行する（図29）。一〇月一二日、カヴェルは、フィリップ・ボークとともに刑場に引き出された。二組の銃殺隊に編成された一六人の兵士が、カヴェルとボークに向けて一斉に発砲した。

母国イギリスでは、一〇月一六日の夕刊以降、『モーニング・ポスト』*、『デ

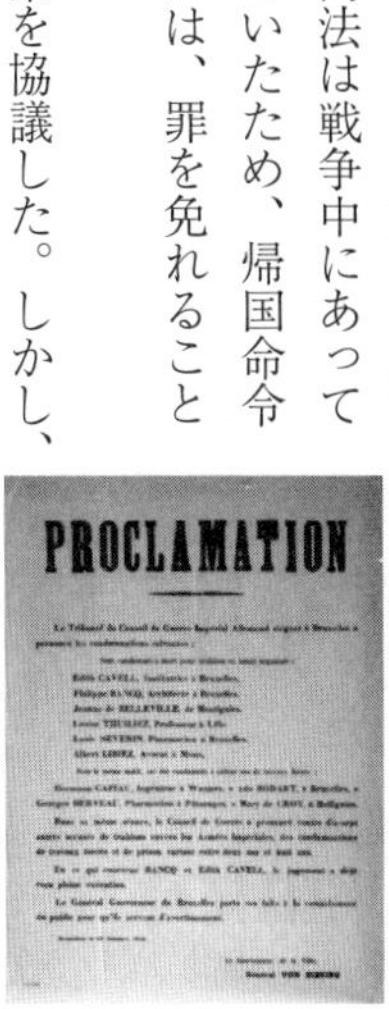

図29　死刑宣告（IWM）

『モーニング・ポスト』 一七七二年にジョン・ベルによって創刊された日刊紙。当初はホイッグ系の新聞であったが、一七九五年にダニエル・ステュアートに買収されてからは、穏健派トーリー寄りになった。

図30　ロンドンのセント・マーティンズ・プレイスにあるカヴェルの記念碑

イリ・テレグラフ』、『スタンダード』、『デイリ・クロニクル』*をはじめ、新聞各紙が競ってカヴェル事件の詳細を伝えた。一〇月二一日にはロンドンのセント・マーティン教会（図30）で追悼礼拝がひらかれた。ロンドン主教は次のような言葉で人々の復讐心をあおった。「彼ら［ドイツ人］が最近犯したもっとも汚らわしい罪とは、哀れで無防備なイングランドの少女を冷たい血の海で殺害するというものだった。それは、ルシタニア号事件ですらちっぽけなものにしてしまうほどの大罪である。……ネルソン提督だったら、ミス・カヴェル事件にどう対処しただろうか。彼ならば、外交手段に頼ったりせずに、艦隊と銃の轟きでこれに応じたことだろう。」二九日にはセント・ポール大聖堂で追悼礼拝がおこなわれた。「女性参政権協会全国同盟*（National Union of Women's Suffrage Societies）」の指導者、ミリスント・フォーセットも、セント・ポール大聖堂でおこなわれた礼拝に出席した一人である。礼拝に先立ち、フォーセットは首席司祭に「女性組織の代表者として招待してほしい」と願い出たが、首席司祭は政治団体の代表者としてではなく、一個人として出席するという条件つきで、チケットを一枚、彼女のために融通した。フォーセットは追悼礼拝の模様を一一月五日付けの『コモン・コーズ』*のなかで以下のように報告してい

『デイリ・クロニクル』　一八七二年『クラーケンウェル・ニューズ』という名称で半ペニー新聞として創刊され、七六年にエドワード・ロイドに買収され『デイリ・クロニクル』に名称変更した。その後、成長を続け、第一次世界大戦期にはイギリスでトップの発行部数を誇るようになった。政策的には自由党を支持した。

女性参政権協会全国同盟　一八九七年に設立された女性参政権組織。ミリスント・フォーセットを指導者に、議員への働きかけや請願活動など地道な合法的戦術で女性参政権の獲得を目指した。

『コモン・コーズ』　一九〇九年に創刊された新聞。「変革を求める女性運動のための機関紙」と銘打ち、女性参政権協会全国同盟の活動を支持した。

る。

ショパンの葬送行進曲が演奏されたあと、賛美歌「日暮れて四方はくらく」が静かに流れた。……首席司祭が聖書の一部を読み上げる。……大聖堂は端から端まで人でいっぱいだった。皇后アレクサンドラ、首相をはじめとする政府の要人が多数列席していた。また、ドーム下の広いスペースを数百人の看護師が埋め尽くしていた。……われわれは彼女の死を過度に嘆き悲しむべきではない。彼女のすばらしい勇気と断固とした決意に感謝を捧げるべきである。彼女が処刑される寸前までそばにいたドイツ軍の牧師はこう言った。「彼女は最後まで勇敢で輝いていた。彼女は祖国のために喜んで死ぬと告白し、ヒロインとして死んでいった」と。

当時、首相の地位にあったアスクィスは、庶民院における演説のなかで、「戦場よりも恐ろしい試練に直面して、カヴェルは勇気に関する最高の教訓を与えてくれた」とその死を讃えた。傷病兵を看護する立場にあったカヴェルは、命を育み、人を慈しむ「女性らしさ」を体現する存在であった。陸軍当局は、彼女の死を、母国を守る戦いにおける究極の犠牲ととらえ、募兵キャンペーンに積極的に活用した（図31）。

戦時ポスターに登場するイギリス人女性の多くは、傷ついた者にやさしく手

図31「誰が看護師カヴェルの敵を討つのか」

一九一五年ロンドン。カヴェルの写真をもちいた陸軍の募兵集会の様子。彼女の死後、約二ヶ月間、一週あたりの志願者数は五〇〇〇人から一万人にほぼ倍増した。(Diana Souhami, *Edith Cavell*, London, 2010, p. 343.)

を差し伸べる「白衣の天使」として表象された。一方、ドイツ人女性は、これとは対照的に、冷酷無比な存在としてポスターに登場する。「赤十字か鉄十字*か」と題されたポスターは、両者の違いをインパクトあるタイトルと挿絵で表現したものである（図32）。瀕死の重傷を負ったイギリス人捕虜が水を欲して手を伸ばすその先に、手を腰にあて横柄な態度をとるドイツ人看護師の姿が描かれている。泣きながら懇願する捕虜の目の前で、彼女は非情にもコップの水を地面にそそいでしまう。女性、しかも本来、傷病兵をいたわる立場にある看護師を前面に出すことで、「ドイツの冷酷さ」を効果的に表現したポスターである。「イギリスの女性であればこのようなことはしない」とのキャプションは、おそらくカヴェルを意識したものであろう。敵・味方の区別なく傷ついた者にやさしく手を差し伸べる「白衣の天使」としてのカヴェル。ここには、彼女が示した傷病兵への自己犠牲的な愛とはあまりに対照的なドイツ人看護師の姿が描かれている。ポスターは、「イギリスにはこれを忘れる女性もいない」というドイツへの復讐心をあおるメッセージで締められている。

民間の外国人女性に対する死刑の執行は、イギリスのみならず国際社会の強い非難を巻き起こした。彼女の死後、その生涯と事件および裁判の詳細を綴った本やパンフレットが次々に出版された。そのうちのいくつかがアメリカで出版されていることからも、事件に対する国際的関心の高さがうかがえる。事件の直後にアメリカで出版された匿名著者による『イーディス・カヴェルの死』

鉄十字
鉄十字勲章（Iron Cross）は一八一三年、プロイセン王フリードリヒ・ヴィルヘルム三世が武勲をあげた兵士に授与したことにはじまる。二等、一等、大十字（Grand Cross）の三等級があり、最高位の大十字は第一次世界大戦末期に一九個授与された。

図32 「赤十字か鉄十字か」（IWM）

（一九一五年）は、カヴェル事件を扱った本のなかでもっとも多くの部数を売り上げたといわれている。そこではアメリカ人読者を意識して、死刑回避に奔走したアメリカ使節団の役割がとくに強調されている。カヴェル事件に対するアメリカ世論の関心はきわめて高く、『ニューヨーク・タイムズ』を中心に、連日のように報道された。アメリカが参戦する直前には、『ニューヨーク・タイムズ』の記事を手がけたアメリカ人ジャーナリスト、ジェイムズ・ベックが、『イーディス・カヴェル事件』を出版し、アメリカの参戦を支持する論陣を張った。

カヴェルは、イギリス本国だけでなく、自治領や植民地の戦時ポスターにも登場した。一九一八年にオーストラリアで製作されたポスター（図33）には、看護師の制服に身を包んだカヴェルの肖像画が描かれている。「彼女はすべてを捧げた。あなたも戦債を買おう」と謳うこのポスターは、国民一人一人に可能なかぎりの「犠牲」を払うことを迫っている。事件から三年が経過してなお、カヴェルがその影響力を失っていなかったことがうかがえる。

また、南アフリカで刷られたポスター（図34）には、倒れた女性のそばで志願のラッパを吹きならす兵士の姿が描かれた。赤十字の腕章と遺体のそばのナースキャップがカヴェルを連想させる。「南アフリカの男たちよ、復讐せよ」という直截的なメッセージが添えられたポスターである。同様に、カナダの募兵ポスターも、カヴェルの肖像画を掲げて報復のための戦いを強く呼びかけた

図33「彼女はすべてを捧げた」(IWM)

図34「南アフリカの男たちよ、復讐せよ」(IWM)

（図35）。「ドイツ兵」の侮蔑的表現である"Huns"や、「処刑」ではなく「殺害」という言葉がもちいられているのが印象的だ。こうしてカヴェルは、「ドイツの残虐行為を阻止するための戦い」のシンボルとなっていった。

　事件を扱ったポスターや絵ハガキのなかで当時もっとも流布したのは、カヴェルの処刑の様子を描いたものである（図36）。そこにはいくつかのパターンが存在する。カヴェルは、処刑されたとき、制服ではなく私服を着用しており、年齢も五〇歳に達していた。しかし、処刑のシーンを描いたポスターや絵ハガキでは、カヴェルは白衣を着た、垂れ髪の若い女性として登場する。さらに、倒れたカヴェルのそばには、拳銃をもって佇むドイツ人将校の姿がしばしば描かれた。これは、刑が執行される直前、カヴェルが気絶したため銃殺隊が標的を誤り、そばにいた将校が、倒れたカヴェルを拳銃で撃ったとの「噂」が流れたことと関係していた。ドイツ側はこうした疑惑を否定したものの、カヴェルの処刑をめぐる黒い噂は、視覚に訴えるポスターや絵ハガキによって絶え間なく再生産された。

　死刑執行の前日、カヴェルの独房を訪れた牧師に、彼女が語ったとされる有名な言葉がある。

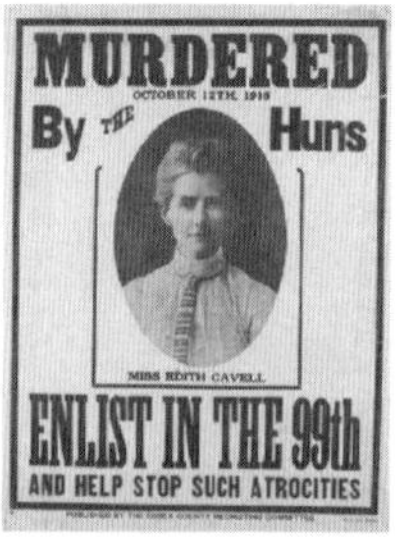

図35　「ドイツ兵により殺害」（IWM）

図36　カヴェルの処刑を描いた絵ハガキ

私には恐怖も怯えもまったくありません。私はあまりにもしばしば死というものを目の当たりにしてきましたので、それが自分に降りかかっても、なんの不思議もなければ恐れもないのです。……私の人生はあわただしく、困難に満ちたものでした。ですから、このような形で時間が残されたことに大いに慈悲を感じます。ここの人たちはみなとても親切です。……私が言いたいのはこれだけです。神と永久不変の真理の観点から、私は愛国心だけでは十分ではないことがわかりました。私は誰のことも憎んだりしてはならないのです。（強調、引用者）

牧師が「私たちはあなたを英雄として、また殉教者としていつまでも忘れないでしょう」というと、カヴェルは「どうか看護師として、義務を果たそうと努力した看護師としてだけ覚えていてください」と答えた。彼女が遺した最後の言葉は、牧師の娘らしく、目前の死をあるがままに受け入れようとする宗教色に満ちた言葉であった。しかし、彼女の死後、「愛国心だけでは十分ではない（Patriotism is not enough）」というフレーズは、前後の文脈から切り離され、一人歩きをはじめる。多くの人々は、これを「愛国心がまだ足りない」という意味に解釈した。前後の文脈から判断するに、彼女の意図は別のところにあったと思われるが、カヴェルは国に命を捧げた女性として美化され、さらなる愛国心を鼓舞するものとして募兵運動に「動員」された。アスクィスが国会という公の場で彼女に与えた惜しみない賛辞や、事件を題材とした募兵ポスターの量産といった現象は、どれもこうした解釈が一般的であったことを物語っている。

一方、平和主義者たちは、彼女の言葉を「愛国心だけではどうにもならない」という反戦のメッセージとして受け取った。彼らがとくに強調したのは、カヴェルが連合軍の兵士だけでなく、ドイツ兵の看護もいとわなかった点であった。敵・味方の別なく、傷ついた者に等しく救いの手を差し伸べたカヴェルは、反戦のシンボルにもなりえたのである。

さらに、フェミニストも、カヴェルを自分たちの「戦い」に積極的に動員した。兵士をかくまい、その逃亡を助けるというカヴェルの行為は、兵士になれない女性が果たした軍事的貢献として解釈された。カヴェルが校長をつとめた看護学校が女性の職業開拓を掲げていたことを重視したフェミニストたちは、カヴェルを戦場という男の聖域に切り込んだ女性として積極的に評価した。戦前、女性参政権運動に批判的な立場をとっていたアスクィスも「このような英雄的な女性が数千人いるが、一年前はそれがわからなかった」と、カヴェルをフェミニストとしてとらえるような発言をおこなっている。カヴェル自身はけっしてフェミニストとはいえなかったが、彼女が独身であったこと、看護師の育成という指導的地位にあったことから、フェミニストたちは、自らの戦いのシンボルとしてカヴェルを利用した。戦前の女性参政権運動を牽引した女性社会政治同盟の機関紙『女性のための参政権（Votes for Women)』は、一九一五年一一月五日の記事のなかで「カヴェルの死を、無知でかよわい少女の犠牲として美化しようとする風潮」に対する鋭い批判を展開している。

ミス・カヴェルは、彼女の行動および記憶を、あらゆる種類の感傷的な虚説によって侮辱され、貶められてきた。五〇歳のカヴェルの死を少女の死として嘆いたり、カヴェルが純粋にも自らの違法行為の重大性に気づかなかったようにほのめかしてみたり。……彼女は自分にどのような罰が与えられるかよく知っていたし、もし、性別を理由に罰を免れるなんてことがあったら、きっとそれを恥だと思ったに違いない。

フェミニストたちはカヴェルを、男性と同等の立場で裁かれ、男性と同様に処刑されることを潔く受け入れた女性として評価した。その死は、本来、戦うことのできない女性が祖国のために前線で勇敢に「戦った」証として受けとめられたのである。フェミニストがいうように、たしかにカヴェルは何の罪の意識もない「少女」ではなかった。彼女は自らの意志でドイツ支配下のベルギーにとどまり、違法行為と知りながら兵士をかくまったのである。逮捕された当初は、極刑を受けることになるとまでは思っていなかったようだが、「見せしめ」にされる運命を悟ったあとは、動揺を見せることなく、冷静に死と向き合った。

ドイツの反イギリス感情は、この時期頂点に達していた。死刑判決が申し渡された直後、仲間の一人に減刑嘆願を出すようすすめられたカヴェルは、「私はイギリス人です。彼らは私の命が欲しいのです」とこれを断っている。同様に、ルシタニア号が撃沈された直後のイギリス社会も反ドイツ・パラノイアで満ちていた。ドイツ人ガヴァネスは拘留され、ドイツ人ウェイターは解雇された。ドイツ人が多くを占めるイーストエンドの肉屋に対する襲撃もくり返された。カヴェル事件はこうした反ドイツ感情の高まりに拍車をかけ、国民の間に鬱積していた不満のはけ口となった。商業目的の絵ハガキやポートレートが量産され、事件の詳細や処刑にまつわる逸話が連日のように報道された。カヴェルは、反ドイツ感情の高まるイギリスにおいて、いわば戦時メディアの商品として消費されたのである。

彼女の死後に出版されたおびただしい数の本やパンフレットは、みな、それぞれの立場から事件を解釈した。予想に反して長期化、泥沼化していく戦争のなかで、カヴェルは、ときにはドイツへの復讐を喚起する「かよわき女性」として、ときには平和を願う白衣の天使として、そしてときには男性と対等に「戦う」自立した女性として表象された。反戦と平和の使者か、男性と対等に「戦う」フェミニストか。カヴェル事件の多様な「読み」は、それだけ彼女がさまざまな「戦い」に利用された事実を示している。

処刑後、カヴェルの亡骸は、ベルギー駐在のスペイン大使の指示で、いった

図37 カヴェルが埋葬されたベルギーの墓地（IWM）

んはセント・ジル監獄近くの墓地に埋葬された（図37）。しかし、そこは彼女にとって安住の地ではなかった。大戦が終わってもなお、カヴェルはドイツ軍の犠牲者として「動員」され続ける。

　大戦が終結したのちの一九一九年五月、カヴェルの遺体は母国イギリスに再埋葬するため、ベルギーの墓地から掘りおこされた。遺体がおさめられた棺は、イギリス海軍の艦隊に守られながら海を渡る（図38）。大戦勃発直後の混乱のなか、たった一人でベルギーに向かったカヴェルは、まさか自分がイギリス海軍に護られながら祖国に帰ることになるとは思いもしなかっただろう。カヴェルの母はこのときすでに他界していたため、棺には妹のフローレンスが終始付き添った。一九一九年五月一五日、ユニオン・フラッグに包まれて砲台に乗せられた棺はウェストミンスター寺院まで葬列を組み、そこで大々的な国葬がとりおこなわれた（図39）。ドイツと勇敢に「戦い」、処刑されたカヴェルは、第一次世界大戦最大の悲劇のヒロインであり、そうした意味では、もっとも国葬にふさわしい人物だったといえる。しかし、長かった戦いに決着がつき、休戦協定が結ばれて半年が経過したこの時期に、なぜここまで大規模な葬儀がとりおこなわれなければならなかったのだろうか。

　カヴェルが祖国への「帰還」を果たしたこの時期は、ヴェルサイユ条約*の草案がドイツ側に示された時期でもあった。フランスとは異なり、ドイツ軍による直接侵略を受けなかったイギリスは、少しでも有利な条件で交渉にのぞむべ

図38　ドーヴァーにてカヴェルの棺を先導する海軍（一九一九年五月一四日）（IWM）

ヴェルサイユ条約
一九一九年六月二八日、フランスのヴェルサイユ宮殿、鏡の間で締結された連合国とドイツとの講和条約。この条約によりドイツは領土の約一〇分の一と、海外植民地のすべてを喪失するとともに、多額の賠償金を負わされ、戦車、潜水艦、毒ガスの製造禁止などの軍備縮小を強いられた。

図40　ノリッジ大聖堂のそばに建てられたカヴェルの記念碑

く、「ドイツの犠牲者」としての立場を強調する必要があった。カヴェルはドイツ軍の残虐行為の犠牲者として、ふたたび「動員」されたのである。

カヴェルの国葬▼は、たしかに外交上のプロパガンダの要素を多分に含むものであった（図40）。しかし、戦前の社会では、一般女性のために大勢の兵士を付き従えた国葬がとりおこなわれるなど考えられないことであった。大戦はたしかに人々の意識を変えた。カヴェルの国葬は、戦争に奉仕した女性に対し、国家が示した敬意の表れであり、戦場で、あるいは軍需工場で犠牲になった者たちへのレクイエムでもあった。

図39　ウェストミンスター寺院の入り口に到着した葬列（一九一九年五月一五日）（IWM）

▼カヴェルの遺体に付き添った妹のフローレンスは、姉がウェストミンスター寺院に葬られることを強く拒んだ。そのため、葬儀がすむと棺は特別列車で故郷のノーフォークまで移送され、一九一九年五月一九日、ノリッジ大聖堂のそばに葬られた。

第3章　愛国熱と戦争協力

女性農耕部隊の隊員（Imperial War Museum）

1　女性参政権運動の休止

第一次世界大戦の勃発によって、女性を取り巻く環境は一変した。多くの女性がヴォランティアとして、あるいは戦時労働者として社会に出ていくなか、前世紀から女性参政権の獲得を目指して闘ってきた女性運動家たちは、戦争という非常事態にどう対処するかの決断を迫られた。

一九世紀半ばに上・中流階級を中心にはじまったイギリスの女性参政権運動[1]は、二〇世紀初頭には労働者階級の取り込みに一部成功するなど、かつてない盛り上がりを見せていた。女性参政権運動の活動家たちは、サフラジストと呼ばれる穏健派と、サフラジェットと呼ばれる急進派に大別される。前者は、ロビー活動や嘆願書集め、決起集会の開催やデモ行進など、あくまで合法的な手段をとりながら運動を展開した。一方、後者は、内務省の窓ガラスを破壊し、美術館の絵画を切り裂き、郵便ポストを爆破するなど、戦闘的な手段をとることも辞さなかった。その過激な行動から「ミリタント」とも呼ばれたサフラジェットたちは、逮捕・投獄後もハンガーストライキ[2]を決行するなど過激な抗議活動を続け、世間の耳目を集めた。ただし、サフラジストとサフラジェットの区別はきわめてあいまいで、一つの組織の内部に多様性や異質性が見られたのはもちろん、組織をまたいだ人的ネットワークも形成されていた。

▼1　アメリカ、ドイツ、フランスの女性参政権運動が「ブルジョワ婦人の運動」とみなされたのに対し、イギリスの場合、労働者階級の取り込みに（一部）成功したことに大きな特徴があるとされる。また、二〇世紀初頭の女性参政権運動には、国際的連帯も見られた。一九〇二年には、「参政権および市民権のための国際女性連合（The International Alliance of Women for Suffrage and Legal Citizenship）」が設立され、国際会議の開催や定期刊行物の発行などを通じて、国を超えた女性の連帯に寄与した。

▼2　逮捕、投獄された女性運動家のなかには、刑務所内でハンガーストライキをおこなって抗議の意思を示す者もいた。一九一三年にハンストが囚人の権利として認められるまでは、鼻や口から強制食餌がおこなわれることもあったため、獄中闘争は社会の高い関心と同情を集めた。

大戦が勃発する直前、女性参政権運動はピークに達していた。しかし、いざ宣戦が布告されると、穏健派の「女性参政権協会全国同盟（National Union of Women's Suffrage Societies 以下、NUWSSと略す）」だけでなく、より戦闘的な「女性社会政治同盟（Women's Social and Political Union 以下、WSPUと略す）」も参政権運動の休止を宣言する。当初は、戦争は短期間で終結するとの見方が大勢を占めていたため、「休止」が運動そのものに大きな打撃を与えるとは考えられておらず、全国的な愛国心の高揚を前に、公然と反体制運動をくり広げるのも得策とは思われなかった。また、休戦宣言の背景には、戦争協力と引き換えに念願の女性参政権を獲得しようとの思惑も働いていた。

戦争勃発後の最初の数ヶ月間で、おびただしい数の女性ヴォランタリ組織が創設された。一九一四年八月三一日付けの『タイムズ』には「女性のための奉仕活動」と題する記事が掲載され、ロンドンを拠点とした一二の組織がリストアップされている。そのなかの一つ「女性緊急部隊（The Women's Emergency Corps）」は、WSPUのミリタントとして活動してきたイヴリナ・ハヴァフィールドらが創設したものであった。女性緊急部隊は女性の医師や看護師、オートバイ伝令などを組織する団体で、隊員は無給で奉仕活動をおこなった。組織を率いたハヴァフィールドは、軍服と見まがうようなカーキ色の制服に身を包み、世間の注目を集めた。ポスターには、「女性たちよ！　祖国は君を必要としている」とのキャッチフレーズが踊った。それは、陸軍大臣キッチェナーが募兵ポスターのなかでくり返し発したセリフ、「祖国は君を必要としている」を明らかに意識したものであった。開戦と同時に生み出されたヴォランタリ組織の多くは、このように軍隊用語を散りばめながら、女性の戦時労働を兵士の戦闘行為に重ね、制服フィーバーをあおった。

ＮＵＷＳＳの指導者ミリスント・フォーセットは、女性参政権の実現という主張が受け入れられるか否かにかかわらず、市民としての価値が女性にあることを証明しようと呼びかけ、愛国的な活動を組織した。ＮＵＷＳＳの会員数は一九一六年までに二万〜三万三〇〇〇人ほど減少した。政府は、主だった女性参政権組織の「休戦宣言」を受け、刑務所に収監していたサフラジェットを次々に釈放した。ＷＳＰＵの指導者エメリン・パンクハースト*（図41）の娘クリスタベル*も、逮捕を免れるために渡っていたパリから帰国した。一九一四年九月にロンドンのオペラハウスで演説したクリスタベルは、「もし、われわれが前線で必要とされているのであれば、そこに行こうではないか」と聴衆に訴えかけた。母エメリンもＷＳＰＵの動員力を活かして募兵集会をひらいたり、外国でのプロパガンダ活動に従事するなど、精力的な募兵運動を展開した。エメリンは、陸軍関係者や政府の要人とともに募兵集会に姿を現し、そのカリスマ的な演説力で志願入隊を呼びかけた。さらに、軍事的勝利を獲得するために、いかに女性の協力が不可欠であるかを説いてまわった。ＷＳＰＵの機関誌『サフラジェット』は一九一五年一〇月に『ブリタニア』に誌名変更し、徴兵制の

エメリン・パンクハースト　一八五八〜一九二八年。ＷＳＰＵの指導者として、イギリスにおける女性参政権運動を牽引した。一四歳のときにはじめて女性参政権の会合に出席して以来、全生涯を女性運動に捧げた。一九〇八年以降は戦闘的な活動が激しさを増し、逮捕・投獄は数十回におよんだ。第一次世界大戦が勃発すると、女性参政権運動の休止を宣言し、募兵活動に専念した。

図41　エメリン・パンクハースト

導入や敵性外国人の勾留にも賛意を示した。

第一次世界大戦期の女性に焦点をあてた研究の多くは、従来、参政権運動ではなく、反戦運動▼を中心に論じてきた。しかし、社会の流れに抗して反戦運動に身を投じた女性の数は、けっして多くはなかった。一九一五年、イギリス人のサフラジストで、「女性自由連盟*（Women's Freedom League）」のエメリン・ペシック＝ロレンス*らの働きかけで、アメリカ人ジェーン・アダムズを議長とする「平和と自由のための女性国際委員会（International Committee of Women for Peace and Freedom）」が立ち上げられた。しかし、国際女性参政権運動にルーツをもつこの組織に、イギリスの女性組織が結集することはなかった。運動を牽引してきた組織の多くが、すでに戦争支持を表明していたためである。

もちろん、反戦運動に積極的にかかわったサフラジストもいた。たとえば、ＮＵＷＳＳの執行部にいたメンバーの数人は、役職を辞して反戦運動に転じている。そのなかの一人であるヘレナ・スワンウィック*は、一九一五年四月三〇日付けの『コモン・コーズ』に、「ＮＵＷＳＳは、女性参政権運動の大敵である軍国主義の撲滅のために活動すべきである」との投書を寄せた。戦闘的な活動を続けてきたサフラジェットのなかにも、ＷＳＰＵが戦争を支持するキャンペーンを展開していることに違和感を抱く者がいた。結局、ＷＳＰＵ内では、三つのグループ（「独立派（Independent WSPU）」、「サフラジェッツ（Suffragettes of the WSPU）」、「東ロンドン・サフラジェッツ連合（East London Federation of

クリスタベル・パンクハースト　一八八〇～一九五八年。母エメリン、妹シルヴィアとともにＷＳＰＵを立ち上げ、マンチェスターからロンドンに拠点を移したあとは、組織の責任者をつとめた。

▼戦時中、反戦運動をおこなうのは容易なことではなかった。徴募の対象にならなかった女性は、良心的兵役拒否者のような迫害を受けることはなかったものの、常に逮捕、投獄、検閲の危険にさらされ、社会の中傷を受けた。

女性自由連盟　一九〇七年、ＷＳＰＵから分離した一派が結成した女性参政権組織。エメリン・パンクハーストの指導体制に異議を唱えたシャーロット・デスパードが会長をつとめ、『投票権（The Vote）』という新聞を発行した。ＷＳＰＵとは異なり、第一次世界大戦期も、女性参政権運動の旗を掲げ続けた。

Suffragettes)」）が主流派と袂を分かち、参政権獲得のための運動を続けた。このうち、反戦運動を展開したのは、シルヴィア・パンクハースト*率いる東ロンドン・サフラジェッツ連合のみであった。大戦は、女性参政権運動を休止に追い込んだだけでなく、運動を牽引してきた組織に、分裂という危機をもたらしたのである。

第一次世界大戦期の女性反戦運動には二つの特徴がある。一つは国際的な連帯が見られたこと、もう一つは運動が「母」としての女性に訴えかける戦法をとったことである。運動の根幹には、「母」である／となる女性は「本能的に」戦争を憎み、平和を愛するとの認識が存在した。しかし、じっさいには多くの「母」が、（少なくとも表向きは）戦争に反対することなく、息子たちを戦場へと送り出した。反戦運動が、政治意識のそれほど高くない一般女性の支持を集めはじめるのは、戦争が人々の生活に深刻な影響をおよぼすようになってからである。物価が高騰し、食糧や燃料が入手しにくくなると、台所を預かる主婦の不満はしだいに高まっていった。その不満はしばしば、反戦デモの隊列に加わることで発散された。デモに参加した女性たちは、「平和」とそして「パン」のために行進した。

エメリン・ペシック＝ロレンス
一八六七～一九五四年。ＷＳＰＵの幹部の一人として活動し、夫フレデリックとともに機関紙『女性に投票権を（Votes for Women）』の編集に携わった。一九一二年、夫妻はともにＷＳＰＵから除名され、エメリンはその後、一九一八年に女性自由連盟の会長に就任した。平和主義者としても活動した。

ヘレナ・スワンウィック
一八六四～一九三九年。ジャーナリストとして女性参政権運動にかかわり、ＮＵＷＳＳの機関紙『コモン・コーズ』の創刊に尽力した。大戦中は平和運動に精力を傾け、「平和と自由のための女性国際委員会」のイギリス支部長をつとめた。

シルヴィア・パンクハースト
一八八二～一九六〇年。エメリン・パンクハーストの娘でクリスタベルの妹。作家でアーティストでもあったシルヴィアは、ＷＳＰＵの会員証やバッジ、旗、ポスターのデザインを担当した。ＷＳＰＵは中産階級色が強すぎ

2　女性警察――統制か保護か

女性参政権運動の獲得を目指して戦ってきた活動家たちは、大戦をどう生きたのだろうか。その多くは開戦とともに立ち上げられた種々のヴォランタリ組織で奉仕活動に従事したり、一定の教養を要する有給の職に就くなどした。しかし、過激な政治活動を展開してきたミリタントのなかには、こうした「ありきたりな」戦争協力に物足りなさを感じる者も少なくなかった。WSPUの運動家として活動し、二度の逮捕・投獄暦をもつメアリ・アレン*もその一人だった。アレンは一九三四年に出版された共著『岐路に立つ女性たち』のなかで大戦勃発時の心情を次のように吐露している。

> 長い間、女性参政権運動のために闘ってきた女性が今さら何もしないでいることに同意できるはずもなかった。……私が唯一受けた誘いは、「メアリ王妃の針仕事ギルド」の支部を統括する仕事だった。このすばらしく、また有益な活動を非難するつもりはないが、それは私の熱狂的なエネルギーを考えると、競走馬が乳母車を引くくらい馬鹿げたものであった。

WSPUの「休戦宣言」で喪失感を抱えていたアレンがひかれたのは、開戦

るとして一九一二年にロンドン東部に支部を設立し、やがて母や姉と袂を分かった。労働者階級女性が声を発する場となるよう、週刊紙『ウーマンズ・ドレッドノート』を創刊した。

メアリ・アレン　一八七八～一九六四年。WSPUのミリタントとして活動し、二度にわたって逮捕・投獄された。大戦の勃発後は女性警察運動に専心し、早世したマーガレット・デイマー＝ドーソンに代わって「女性警察サーヴィス（Women Police Service）」を率いた。大戦間期にはファシストとしても活動した。

後まもなく発足した「女性警察ヴォランティアーズ（Women Police Volunteers 以下、ＷＰＶと略す）」という組織であった。当時のイギリスにはまだ女性警官は存在しておらず、警察官という職業は典型的な「男の仕事」であった。ＷＰＶは、同時期に立ち上げられた「ヴォランタリ女性パトロール隊（Voluntary Women Patrols 以下、ＶＷＰと略す）」という別の組織とともに、「イギリス初の女性警察」▼として社会の注目を浴びた。

大戦は、それまで「男の聖域」であった警察という職業に女性が進出するきっかけを作った。首都警察の警官二万八三四人の八〇パーセントが志願入隊可能年齢だったこともあり、全体の二六パーセントの警官が開戦とともに軍隊に志願した。首都圏以外の地方警察でも、戦争勃発から一年以内に、全体の約二〇パーセントの警官が出征した。男性労働に対する需要の高まりで他職種への流出もあいついだ。戦時の混乱で治安状況が悪化するなか、警察は深刻な人手不足に陥っていたのである。戦争の長期化で物価は上がり、ドイツ軍による経済封鎖の影響で品薄となった食糧を求め、商店の前には長蛇の列ができた。食糧配給制度が導入されるまで、警察は人々が暴徒化するのを防ぐため、列を監視、統制しなければならなかった。そこに拍車をかけたのが、カーキ・フィーバーである。性モラルの乱れに対する社会の不安が増大するにつれ、女性の喫煙や飲酒など、目に見える「モラルの弛緩」に対するまなざしも厳しくなっていった。こうして生まれたのが、人員不足と任務の増大に悩む（男性）警察を

▼ＶＷＰは、一九一九年に解体されるまでの五年間で、四一五〇人の女性をリクルートし、イングランドおよびウェールズ（一二〇ヶ所）、スコットランド（一八ヶ所）、アイルランド（二ヶ所）、南アフリカ（二ヶ所）に隊員を派遣した。一方、ＷＰＳは一九二一年までに一二三一人が採用され、このうちの九八五人は二七の兵器工場で女性労働者の管理をおこなうパトロール隊員として軍需省に雇用された。残りは各地の警察や民間の工場、ヴォランタリ組織のパトロール隊として勤務した。

補佐し、女性たちを道徳的に「正しい道」へと導く女性警察であった。

大戦期に創設された二つの女性警察はどのような特徴をもっていたのだろうか。WPVは、女性自由連盟でサフラジェットとして活躍したニーナ・ボイル*と、上流階級の出身で、動物愛護をはじめとする数々の社会問題に取り組んでいたマーガレット・デイマー＝ドーソン*によって立ち上げられた。ボイルとドーソンは当初から「この団体はプロとして警察業務に従事する機会を待っているすべての女性のために存在している」と公言していた。新聞に掲載された募集広告では、隊員は「戦後も永続的に雇用される」ことが強調され、公的認可を勝ち取ることで「女性の職業開拓」に寄与することが目標として掲げられた。

一方、VWPは、「女性労働者全国連合（National Union of Women Workers）」というフィランスロピー団体によって立ち上げられた。組織を率いたのは、反サフラジェットで知られたルイーズ・クレイトンである。ボイルとドーソン率いるWPVの隊員がすべてフルタイムで雇用され、小額ながら一定の給与を支給されたのに対し、VWPの隊員は、無給のパートタイム労働に従事した。組織名に“Police”ではなく“Patrols”という言葉を使用していることからも、VWPが戦時のみの補助的活動を意図していたことがうかがえる。両者の違いをとくに際立たせたのは制服である。VWPは私服を着用し、組織名を記した腕章をつけて活動したのに対し、WPVは、警察のシンボルカラーである青を基調としたそろいの制服を着用した。制服はロングスカートとチュニックで構成さ

ニーナ・ボイル
一八六五～一九四三年。本名コンスタンス・アントニーナ・ボイル。ジャーナリストとして女性参政権運動にかかわり、女性自由連盟の執行部の一員として、機関紙『投票権』の編集を担当しながら、政治・戦闘部門を指揮した。警察によってたびたび逮捕され、三度にわたって投獄された。女性警察を立ち上げたさい、その経歴が警察の不信を買ったため、参政権運動と一線を画すドーソンと手を組むことになった。

マーガレット・デイマー＝ドーソン
一八七五～一九二〇年。フィランスロピストとしてベルギー難民の救済活動にも携わった。WPVが成功をおさめた背景には、ドーソンが、当時の首都警察警視総監をはじめ多くの有力者につてをもっていたこと、潤沢な資金を提供しえたことが深くかかわっていた。終戦後まもなくして心臓病で急死した。

れ、バックルのついたベルトでウエスト部分を締める当時人気のスタイルであった。黒いフェルト帽とブーツ、ネクタイ、さらには組織のイニシャルを刻んだ銀製の肩章といった軍隊的要素が、WPVの制服に、よりいっそうの「魅力」を付加した（図42）。

このように、二つの組織の間には労働形態や活動理念など大きな違いが見られたが、リクルートされる側の女性は必ずしも両者を明確に区別していたわけではなかった。じっさい、二つの組織の間には少なからぬ人的移動[▼1]が生じており、女性参政権運動とは一線を画していたはずのVWPに、サフラジェットが入隊する現象も見られた。当時、社会に広く流布していた女性警官のニックネームが、「警官（copper）」と「サフラジェット（suffragette）」を合わせた造語、「コペレッツ（copperetts）」であったことからも、社会の認識のありようがうかがえる。女性参政権運動とどれだけ距離をとろうとも、これを見つめる社会の側は、二つの組織を戦前の女性参政権運動の延長上にあるものとしてとらえたのである。

発足からまもなく、WPVは分裂の危機に陥った。引き金となったのは、陸軍駐屯地を中心に出されていた女性に対する外出禁止令である。WPVが最初に隊員を派遣したグラハムでも、陸軍キャンプ地周辺の治安を維持するために国土防衛法にもとづく夜間外出禁止令[▼2]が出されていた。外出禁止時間は夜八時から翌朝七時までで、すべての女性が対象とされた。パトロールによってこれ

図42　WPVの隊員

▼1　WPVが支給した給与が、生計を営むには程遠い額であったこと、二つの組織の活動内容がほぼ同じであったことがその理由として考えられる。

▼2　このほか、スコットランドのクーパーやファイフでも夜一〇時以降、女性は外出を禁じられた。

を徹底することも、女性警察に課された重要な任務であった。この外出禁止令をめぐって、ＷＰＶの二人の指導者が対立することになる。ボイルは、「男性を守り、女性を罰するための手段」としてこれを糾弾し、一九一五年一月二五日、フェミニストで構成された抗議団体に加わって内務省に乗り込み、その撤廃を要求した。一方、ドーソンは、国家の利害から見ても、また無防備な女性を「保護」する必要性から見ても、外出禁止令は正当化できると主張し、隊員に地元警察に協力するよう指示した。ボイルは、ドーソンのこうした指導体制を独断的であると批判し、同年二月、ドーソンに辞任要求をつきつける。一九一五年四月九日付けの女性自由連盟の機関紙『投票権』には、ドーソンやその支持者を批判するボイルのインタビュー記事が掲載されている。

> いかに有益であろうと、女性や少女たちへの強制を意味するような仕事にかかわることはできない。当初から公的認可を切望し、警察と協力して任務を遂行しようとする一派があった。……サフラジェットが、公的認可を求めて自らの主義主張を喜んで捨てようとするなんて嘆かわしいことだ。

この言葉からは、ボイルがサフラジェットとしての主義主張をすべてに優先させていたこと、ＷＰＶが目指していた公的認可の獲得が必ずしも彼女の目標ではなかったことがうかがえる。ボイルによるドーソンの罷免要求は隊員による票決にゆだねられたが、ボイルを支持したのは、投票権を有す幹部四八人中わずか二人にすぎなかった。一九一五年のＷＰＶの報告書には、票決の様子が以下のように綴られている。

女性警察は女性の保護を目的とするべきなのか、それとも女性にとっての新たな職を開拓すべきなのか、意見が分かれた。多数の者がドーソンに従った。かつて戦闘的サフラジェットであった者でさえ。

ＷＰＶの隊員に求められたのは、単にドーソンかボイルかという指導者の選択ではなかった。ドーソンは「たとえ妥協しようが、女性の権利がそこなわれようが、警察としての公的認可を得るのが先決である」と主張したのに対し、ボイルは、「社会進出」の名のもとに、女性を厳しい統制下におき、その自由を制限するなど許されないと反論した。愛国熱が吹き荒れた開戦後まもないイギリスで、勝利をおさめたのはドーソンであった。

ＷＰＶの報告書が言及した「かつての戦闘的サフラジェット」のなかには、やがてこの組織を率いることになるメアリ・アレンも含まれていた。アレンは「女性警察」に出会ったときの高揚感を、先の著書のなかで次のように表現している。

あつかましくも告白するが、初の［ヴォランタリ］女性警官の一人に選ばれたと聞いたとき、私は塹壕での軍隊活動のほうが、よっぽど簡単で愉快な娯楽のように思えた。

この文章からは、アレンがWPVの活動を兵士の戦闘行為になぞらえていたことがうかがえる。アレンは女性警察がもっとも大きな意義は、それまで女性を排除してきた男性の「聖域」に進出することだと考えていた。「聖域」という意味では、議会も警察も、そして戦場も同じであった。彼女は、戦争によって揺らぎはじめたジェンダーの壁を越えて、それまで男性が独占してきた領域に進出することに自らの活動の意義を見いだしたのである。ボイルと袂を分かったドーソンは、アレンを新たなパートナーに迎え、「女性警察サーヴィス（Women Police Service 以下、WPSと略す）」を立ち上げる（図43）。一方、ボイルはわずかな支持者とともにブライトンに拠点を移し、女性看守の育成に携わったが、活動規模は縮小を余儀なくされた。分裂から一年後、ボイル率いるWPVは、当局による弾圧もあって崩壊への道をたどっていった。

VWPとWPSの活動内容そのものに大きな違いは見られなかった。隊員は二人一組になって、公園やパブ周辺のパトロール、ミュージックホールや映画館などの遊戯施設や簡易宿泊所の監視、警察法廷への出廷▼といった任務にあたった。WPSが最初に隊員を派遣したのは、大規模な陸軍駐屯地のあるグラハ

図43　WPSの「司令官」と「副司令官」となったドーソン（左）とアレン（右）（IWM）

▼被告や証人が女性である場合、その付き添いや護送などを担当した。

ムであった。WPSから派遣されたイーディス・スミスが▼まず取り組んだのは、「不良少女と個人的に知り合いになること」であった。スミスは、必要であれば家庭訪問などもおこないながら地元の女性のモラル・コントロールにつとめるとともに、カーキ・フィーバーにあおられて「外部」から侵入してくる女性の取り締まりにあたった。スミスをはじめWPVの隊員には、国土防衛法にもとづき、グラハムの市内中心部から半径六マイル以内の土地や建物に立ち入る権利を与えられた。表2は一九一六年に、グラハムの女性警官が扱った「事件」の内容とその件数を示したものである。この表を見ると、女性警官の仕事が明確な犯罪行為とはいえない風紀の乱れに対処するモラル・コントロールであったことがわかる。

また、VWPを率いたルイーズ・クレイトンは、一九二〇年の『フォートナイトリ・レビュー』に寄せた「女性警察」と題する文章のなかで、次のように述べている。

> われわれは戦争によってまったく新しいタイプの少女が出てきたという事実に直面しなくてはならない。彼女たちは完全に独立していて、粗野で無節操で、平気で笑ったり叫んだりし、公然と権力に反抗する。また万引きなどにも手を染めている。しかし根はいい子たちで、愛情や優しさをもっている。つまり、すばらしい素質があるのだ。……こうした少女たちは、扱い方を間違えれば簡単に犯罪者

▼一九一五年一二月、グラハム市議会はスミスを警察官として宣誓入隊させ、逮捕権を含む権限を付与することを決議した。そのため、警察史ではスミスを初の女性警官として位置づけているが、当時の警察査察官サー・レオナルド・ダニングはスミスの宣誓を法的に無効（警察官として宣誓できるのは男性のみであるとの法解釈がなされたため）と判断している。

やプロの売春婦に転落してしまう。

大戦が生み出した非行少女たちを正しい道へと導くこと。それが女性警察に与えられた使命であった。

じっさいにパトロール活動に従事した隊員の報告書をもとに、女性警察の活動内容をもう少し具体的に見てみよう。以下はいずれも一九一五年のＷＰＳの年次報告書に記載された事例である。

ある地方都市で女性警官が勤務していると、一人の女性が夫に虐待を受けているので助けてほしいと申し出てきた。女性警官が家まで出向き、夫に注意を与えると、夫は態度をあらためると約束した。それ以後、妻が夫の不満を申し立てることはなくなった。

ある女性が警察法廷で夫の暴力を訴えた。夫が妻を激しく蹴って、打撲を負わせたことは明らかだった。ところが夫はすべてを否認し、妻の飲酒を告発した。妻は証言中に取り乱し、興奮して退廷を命じられた。判

表２　1916年の１年間にグラハムの女性警官が扱った事件（件数）

非行少女に注意を与えた数	100
女性や少女による窃盗	15
女性の酩酊	16
売春（起訴された事件）	40
売春婦を両親のもとに送り届けた数	10
売春婦に注意を与えた数	50
売春宿の経営（起訴された事件）	2
婚外子の父親認定への協力	5
一時的に街に出ていたリスペクタブルな少女を家に送り届けた数	18
占い師の摘発	1
国土防衛法違反	2
暴行されたリスペクタブルな女性や少女の保護	5
婚外子の保護	24
劇場などのブラックリスト登録	10
非衛生的な施設の告発	10
その他、忠告や援助を与えた数	100

（IWM, EMP 43 / 7 First Annual Report as Constable in Grantham, January 1917.）

事は女性の供述の信憑性を疑いはじめた。その場にいた弁護士が女性警官にこのケースについて知っていることがあれば証言するよう促した。女性警官は証言台に立ち、判事に対して、調査をしてきた結果、妻は慎ましい生活を送っており、家のなかも清潔に保たれている。よって彼女の供述には信憑性があると証言した。判事は女性警官の意見を受け入れ、夫は有罪判決を受けた。

ＷＰＳの隊員が、劣勢に立たされていた女性の権利を法廷という場で守りぬいたことが誇らしげに報告されている。妻の飲酒癖がその証言の信憑性を疑わせるものとして問題にされた点も興味深い。結果的には女性に有利な判決を引き出したとはいえ、隊員が女性の日頃の生活ぶりを把握するなど、家庭のなかにまで深く介入していたことがうかがえる。

大戦初期に全国で吹き荒れたカーキ・フィーバー対策も女性警察の重要な任務の一つであった。以下は、ＶＷＰの隊員が一九一七年一〇月七日に本部に書き送った報告書の一部である。

警察当局から女性警官に対し、二人の少女が一人は一五週間、もう一人は五週間、行方不明になっているとの報告が入った。女性警官たちは自転車で二日間捜索し、ついに大きな陸軍キャンプの近くで不潔で飢えた状態の二人を発見し、両親のもとに連れ戻した。

ＷＰＳも、一九一六～一七年の報告書のなかで、カーキ・フィーバーにあおられた少女の「悲惨なその後」をレポートしている。

一六歳の少女が行方不明になったとの報告を受ける。一ヶ月後、女性警官が少女を発見した。少女は兵士とともに暮らしており、兵士は少女を虐待したあげく、別の友人兵士に彼女を譲り渡していた。女性警察は少女を逮捕する必要があると思い、警察に身柄を引き渡した。判事によって彼女は保護観察処分となり、両親のもとに連れ戻された。

少女を虐待した兵士が処罰の対象となるのは言うまでもないが、少女もまた保護観察処分を受けている点が注目される。刑法では、女性の性交渉可能年齢は一六歳以上と定められていたため、少女が同意の上で性交渉に至った場合、兵士がそのことで罪に問われることはなかった。逆に少女には、キャンプ地周辺で売春したとして国土防衛法違反容疑がかけられたのである。

カーキ・フィーバーはこうした少女だけでなく、既婚女性の間にも蔓延していると考えられた。以下は、ＷＰＳの一九一五年報告書に掲載された事例である。

女性警官が、酔った兵士がある家に入っていくのを確認した。その家は夫が前線に出たばかりの女性の家で、以前から怪しいと思って内偵していた家だった。そこで女性警官たちは哨兵を呼びに行き、哨兵がこの家に押し入り、男性を拘束、逮捕した。家のなかには複数の子どもたちがいたが、不潔で病気にかかっていたため女性警官が保護し、児童虐待防止協会に引き渡した。女性は哨兵が押し入る前に隣接する家につながる扉を使って逃走し、未だ見つかっていない。

女性の普段の暮らしぶりが、女性警察に内偵という形で監視されていたことがうかがえる。逮捕権をもたない女性警察は、このように陸軍や警察と連携しながら国土防衛法違反の摘発にあたった。

二つの女性警察がおこなったパトロール活動は、しばしば社会の反発を浴びた。一九一五年九月一〇日付けの『ポリス・クロニクル』には、ＷＰＳへの不満の投書が掲載されている。

ハルの女性警察について一言言わせてほしい。日曜日の夕方、私と友人がターミナルでタクシーを待っていると、一人の女性警官が近寄ってきた。……大勢の群集の前で、ただちに家に帰るようにと言われたのだ。ひじょうに屈辱的だった。

投書者の怒りは、自分が売春婦と間違えられたこと、すなわち、自らのリスペクタビリティ*が否定されたことに向けられていた。また、両組織が積極的にパトロール活動をおこなった首都圏でも、同様の不満が首都警察に寄せられた。一九一五年七月、首都警察A管区の警視は、女性警察の活動について「日没後、ハイドパークのベンチに座っているリスペクタブルな人たちの顔に懐中電灯を照らす行為が大きな批判の的になっている」と報告書に記している。

女性警察のパトロールの目的が、違法行為の取り締まりではなく、モラル・コントロールである以上、こうしたトラブルは避けがたかった。しかし一方で、パトロール隊員が「リスペクタブルな女性」には干渉せず、「そうでない女性」を統制することに対しては、社会は一定の理解を示し、これに協力した。問題にされたのは、対象の「線引き」の仕方であって、パトロール活動そのものではなかった。女性警察に批判の目を向けた人々もまた、女性警察とモラル上の価値観を共有していただけでなく、法という後ろ盾をもたない無認可組織が、こうした活動をおこなうことに異議を唱えることはなかったのである。

女性警察のパトロールの目的は、モラル上の規範から逸脱した若い女性を「保護」することであった。しかし、女性警察が目的とした女性の「保護」は、必然的に一定の「強制」をともなうものであった。（売春という）犯罪行為に至る前の段階で、「無防備な女性」を誘惑から「保護」するには、その行動を監視し、ときには立ち退きを強制するなどの措置が必要だったからである。ヴォランタリ組織であるがゆえに法的強制力こそもたなかったものの、女性警察は、

リスペクタビリティ
ヴィクトリア時代に中流階級の間で生まれた独特の価値規範。「尊敬されるに値すること」を意味し、勤勉、自助、責任感といった精神的側面だけでなく、豊かな消費生活など物質的側面も重視され、労働者階級の間にも広まった。

警察が立ち入ることができない日常や私生活に介入・干渉しながら、その任務を遂行した。

一方、自らの管轄内で女性警察のパトロール活動に協力した警察当局は、その意義を別の形でとらえていた。とくに、軍隊の駐留によって風紀の乱れが問題化した地域は、女性警察の活動に協力的であったが、無防備な女性を（男性の）誘惑から「保護」することではなく、軍隊（男性）を、堕落した女性から「保護」することに関心があった。つまり、この場合、「保護」の対象は男性であって、風紀を乱す女性は「統制」あるいは「取り締まり」の対象でしかない。このように、女性警察のパトロールの目的とされた女性の「保護」は、二重の意味で、管理や統制と表裏一体の関係にあったのである。

3　別居手当と妻の監視

大戦中、問題となったのは、カーキ・フィーバーに「罹りやすい」とされた独身の女性たちのセクシュアリティばかりではなかった。夫の出征によって「解放」された妻たちにも社会の厳しい視線がそそがれた。一家の主たる稼ぎ手を失った妻や子どもたちの生活を支えたのは、兵士の家族に支給される別居手当であった。一九一四年八月、首相アスクィスは志願兵まで支給対象を広げた新たな別居手当の概要を発表した。それは、兵士の事実上の妻や婚外子、さらには妻以外の扶養家族（たとえば独身の兵士の母など）も対象に含まれる、たいへん手厚いものであった。手当の額は軍隊内の階級に応じてランクづけられ、段階的に増額された。戦争が長期化するにつれ、別居手当の受給者数も増加していった（表3、4）。別居手当は志願入隊の強い動機づけになるものとして期待された。それは、当時の募兵ポスターに、別居手当への言及が多々見られることからもうかがえる。図44は、陸軍が深刻な人員不足に直面するようになったことを受け、一九一五年七月に別居手当制度が改正されたことを告知するポスターである。兵士の妻や子どもだけでなく、その他の扶養家族にも手当が支給されることを強調した上で、その額が詳細に綴られている。ポスターの最後を締めくくるのは、募兵ポスターの常套句である「今日、志願せよ」のメッセージである。

別居手当の支給対象が拡大すると、膨大な数にのぼる申請者をいかにさばくかがすぐさま問題になった。大戦の勃発当初は、制度を運営する組織が整備されていなかったため、民間の「陸海軍人家族協会（Soldiers' and Sailors' Family Association 以下、家族協会と略す）」が別居手当制度を実質的に運営した。家族協会の地方支部は、一九一五年までに九〇〇〇に達した。政府は、家族協会という民間のヴォランタリ団体に、別居手当申請者の査定という業務を委託していた形になる。

国家によって別居手当の運営組織が整備されてくると、家族協会はしだいに

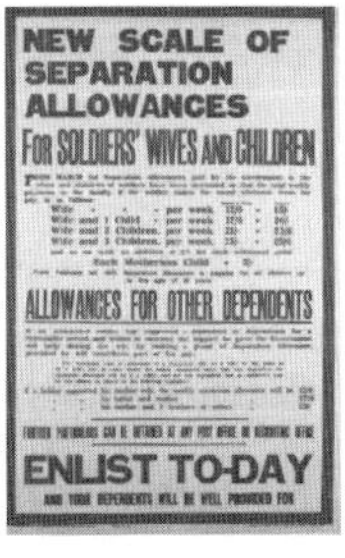

図44　別居手当の引き上げを告知するポスター（IWM）

表３　別居手当受給者数の推移（人）

年月日	妻	その他の扶養者	合計
1914. 11. 30	509, 000	22, 500	531, 500
1915. 2. 20	675, 000	306, 000	981, 000
1915. 4. 30	723, 167	480, 250	1, 203, 417
1915. 7. 31	836, 498	721, 441	1, 557, 939
1915. 10. 31	916, 714	871, 669	1, 788, 383
1916. 1. 31	977, 657	1, 041, 653	2, 019, 310
1916. 7. 1	1, 115, 451	1, 293, 973	2, 409, 424
1917. 1. 1	1, 345, 427	1, 556, 107	2, 901, 534
1918. 1. 1	1, 550, 827	1, 434, 715	2, 985, 542
1918. 7. 1	1, 525, 000	1, 539, 000	3, 064, 000
1919. 1. 1	1, 456, 020	1, 497, 100	2, 953, 120
1919. 7. 1	354, 556	578, 985	933, 541
1920. 1. 1	127, 514	201, 755	329, 269

(Susan Pederson, 'Gender, Welfare, and Citizenship in Britain during the Great War', *American Historical Review*, 95：4, 1990, p. 985.)

表４　別居手当支給総額の推移（ポンド）

1914年４月１日～1915年３月31日	15, 107, 180
1915年４月１日～1916年３月31日	52, 870, 267
1916年４月１日～1917年３月31日	77, 843, 411
1917年４月１日～1918年３月31日	113, 287, 606
1918年４月１日～1919年３月31日	124, 571, 016
1919年４月１日～1920年３月31日	31, 072, 604
	合計414, 752, 084

(Susan Pederson, 'Gender, Welfare, and Citizenship in Britain during the Great War', *American Historical Review*, 95：4, 1990, p. 984.)

制度から排除されていった。一九一六年四月には、「戦争年金等法定委員会（War Pensions Etc. Statutory Committee 以下、法定委員会と略す）」が設置され、それまで家族協会をはじめとする民間団体が支えてきた別居手当制度は国家によって直接運用されることになった。

別居手当は、兵士の軍事貢献への対価として支払われるものであった。つまり、それは本来妻の権利ではなく、兵士として国家に奉仕する夫の権利だった。しかし、手当そのものは兵士ではなく、その扶養者（多くが妻）に支払われた。支給された手当をいかなる形で消費するかは、手当を受け取る者の意思にゆだねられたため、早くからその使途や生活態度をめぐって論争が起こった。手当を受け取った女性たちが兵士の妻として、あるいは母としての義務を果たせなかった場合、その資格は剝奪されるべきだと考えられた。女性が別居手当を受け取る資格があるか否かを査定する権限は法定委員会が握っていた。法定委員会は、支給決定後も定期的に家庭訪問をおこなうなどして妻の素行を監視し、必要に応じて道徳指導をおこなった。妻が手当を浪費している、もしくは品行方正に暮らしていないと判断された場合には、受給資格は剝奪された。一九一六年一二月に年金省が新設され、戦争年金と別居手当の支給制度が一元化されると、法定委員会の機能は年金省に移管された。以後は、「地方戦争年金委員会（Local War Pensions Committee）」のスタッフが家庭訪問をおこない、妻の生活状態を監視することになる。地方戦争年金委員会は出征中の夫に対し、妻の生活実態を手紙で報告するよう指導されていた。
　別居手当を受給している妻の不道徳なおこないが手当の支給停止につながるとの考えは、すでに一九一四年九月に陸軍省が作成したガイドラインのなかで示されていた。別居手当が、かつては清貧な暮らしを送っていた妻たちを贅沢にし、怠惰を助長しているとの批判も広く聞かれた。兵士の妻が多く居住している地域では、女性たちの日常はしだいに警察の監視下におかれるようになっていく。たとえば、カーディフやハートリプールでは、兵士の妻たちはパブに入ることを禁じられた。ロンドンやシェフィールドでも、女性のパブへの立ち入りや飲酒を制限する命令が出された。女性警察を中心に複数のパトロール隊が組織され、女性が兵士を誘惑したり、言い寄られたりする危険のある場所、すなわち、通りや公園、パブ、さらには家のなかまでも監視する権限を獲得した。以下は、WPSの一九一六～一七年の活動報告書に記載された事例である。

一九一七年一月、首都圏。まだ若い既婚女性が、混雑したパブの外で、［売春目的で］客引きをしているのを見つけた。彼女は女性警官たちのよく知る人物であったため、家に帰るよう説得した。また、そうした行為を続けるなら別居手当を失うことになるだろうと警告したところ、彼女は行動をあらためることを約束した。その後も引き続き家庭訪問をおこなっているが、状況は改善され、彼女は適した仕事に就いている。

別居手当支給停止の理由としてしばしば挙げられたのは、飲酒、売春、同棲、育児放棄などであった。一九一六年一〇月から一九二〇年三月までの間に調査対象となった女性の数は、別居手当および寡婦年金の受給者をあわせ、四万人（受給者全体の一〜二パーセント）におよんだ。じっさい、一九一八年三月から一九一九年三月までの間に、六三〇二人の女性が別居手当の受給資格を喪失している。別居手当を受け取った妻たちは、たとえ手当を没収されることがなくとも、法定委員会や女性警察、さらには隣人の厳しい監視の目にさらされた。大戦中、イースト・エンドを拠点に反戦運動を展開したシルヴィア・パンクハーストは、一九三二年に著した『銃後』のなかで、当時を振り返ってこう述べている。「家族協会の幹部たちは、夫が出征している女性たちに対し、救済を求める前にワンルームの部屋に引越しをし、ピアノや蓄音機、さらには家具までも売却するべきだと主張していた。女性たちは権利として別居手当を受給する資格があるという考えに同意するのは彼らにはむずかしかった。」

大戦期に整備された別居手当制度は、戦後の社会政策に大きな影響を与えたといわれている。夫が稼ぎ、家族を扶養するという考えがより一般的になり、一家の稼ぎ手である男性に扶養手当が支給される根拠を提供したというのである。こうした福祉概念は三つのプロセスを経て成立した。まずは、国家のために戦う兵士に市民としてのステイタスを与えるべきだとの考えが広まったこと。次に、それまで民間のヴォランタリ組織が担ってきた機能が国家の行政機構のなかに組み入れられるようになったこと。そして、妻の素行調査を通して、夫の性的、経済的監視が強化されたことである。別居手当の支給とそれにともなう素行調査は、戦場で戦う夫の権利を守るという観点からおこなわれた。国家は、留守中の夫に代わって妻を監視することを一種の義務として認識していた。国家は、別居手当を受給した女性たちにとって、国家は、いわば「代理夫」のようなものだったのである。

4 女性農耕部隊——農村における労働代替

男性が戦地に駆り出されたことで労働力不足に陥ったのは、工業やサーヴィス業だけでなく、農業も同じであった。一九一四年の七月時点で約八〇万人いた男性の正規雇用農業労働者は、一七年には三〇・六パーセントも減少した。農村における労働力不足は、新たな（男性）労働者の流入によって、ある程度は補われたが（そのため、トータルの減少率は二二・二パーセントであった）、依然深刻であった。そこで一九一七年三月、農務省によって設立されたのが、一定の農業技術を身につけた女性を農地に派遣する「女性農耕部隊（Women's Land Army）」である。

大戦が勃発するまでの半世紀間、女性農業労働者の数は減少を続けていた。一八七一年に五万八一一二人であったその数は、大戦勃発前の一九一一年には一万三二一四人と、四分の一以下に落ち込んでいた。大戦が勃発し、男手が不足するようになってからも、女性労働者の数は減少を続けた。商務省の統計によると、一九一四年七月から一九一五年にかけて、農業に従事するフルタイムの女性労働者の数は、二五パーセントも減ったことがわかっている。この事実は、それまで農業に携わっていた女性労働者の前に、より魅力的な別の選択肢が存在したことをうかがわせる。たとえばレスターシアでは、トラムの女性車掌の給与は週給五二シリングで、当時、女性の憧れであった制服が無料で支給され、一週間の有給休暇も与えられた。大戦中、多くの女性が従事した工場労働も、職種によって大きな格差が見られたものの、二〇～四〇シリング程度の週給を得ることができた。これに対し、一九一二～一三年の男性農業労働者の給与は一七シリング一〇ペンスから二二シリング六ペンス程度であった。農場主の多くは、農業経験のない女性労働者に週給一三シリング六ペンス以上出そうとはしなかったため、十分な数の代替労働者を確保するのはむずかしかった。とくに、多数の軍需工場が存在したウォリックシアのような地域では、女性労働者を農業にリクルートするのは困難をきわめた。

夫が出征している女性の場合、国家に支給された別居手当が、低い賃金で働く意欲を奪うこともあった。一九一四年一〇月段階で、二人の子どもをもつ兵士の妻には、平均週一七シリング六ペンスの別居手当が支給されていた。一九一二年から一三年にかけてのイングランドおよびウェールズの農業労働者の平均賃金は一七シリング一〇ペンスから二二シリング六ペンスほどであったため、別居手当は、少なくとも初期の段階では彼女たちの暮らしを支えるのに十分であった。

別居手当の額が段階的に増額されたことはすでに見てきたが、ここで加味しなければならないのは物価の上昇である。表5は一九一四年から一八年までの別居手当と生活費の関係を指標化したものである。一九一四年七月の生活費を一〇〇としたときの、その後の増加率が示されている。この表を見ると、一九一四年から一五年にかけては、別居手当で生活費をまかなうことができたものの、一九一七年頃を境に、生活費が手当の額を上回り、その後、両者のひらきが大きくなっていく様子がわかる。この「ひらき」は、じつは物価の上昇そのものというより、政策がもたらしたものであった。一九一七年一月、ロイド・ジョージ内閣は別居手当の増額を見合わせることを決議した。物価の上昇にもかかわらず手当が増額されなかった背景には、手当を上げると、女性が低い賃金で働くインセンティヴが失われるとする意見があいついだためである。別居手当は、男性が戦う（兵士になる）インセンティヴになるものとして期待された一方、低賃金で働く女性労働者を確保する障害になるとも考えられた。

女性労働者を受け入れる側の農場主は、戦時の労働力確保についてどのような考えをもっていたのだろうか。農村側は、若い女性労働者を外部から受け入れることにはもともと消極的だった。高い身体能力を要するとされた農業労働

表5　別居手当と生活費（1914～18年）（指数）

	生活費		手当
1914年7月	100	1914年9月	100
1915年	120	1915年11月	120
1916年	135	—	—
1917年	160	1917年1月	151
1918年	180	1918年7月	165

（A. L. Bowley, *Prices and Wages in the United Kingdom 1914-1920*, Oxford, 1921, p. 106.）

は女性には不向きであるだけでなく、「女性らしさ」をそこなうものとみなされたからである。女性を（男性より）低い賃金で雇用することで、男性労働者が労働市場で不利な立場に追い込まれる可能性も憂慮された。一九一七年二月一二日にひらかれた「全国農業労働者および農村労働者組合」の会議では、「泥だらけの女性が畑で働いているところを見るほどショッキングなことはない」として、農業が女性にそぐわないことを強調すると同時に、男性の半分の賃金で働く女性に農地で働くことを許せば、男性の給与までさがってしまうとの懸念が表明された。

男手の不足する農業労働を女性で代替しようとする政策が明確な形で打ち出されたのは、一九一七年一月のことである。このとき、農務省に女性部が新設され、その責任者にメリエル・タルボットが任命された。彼女は前年に農務省初の女性査察官に就任した実力者で、女性農耕部隊設立の陣頭指揮をとっていた。同年三月、女性農耕部隊の発足に向けたリクルートが開始される（図45）。三万人の応募者のなかから二〇〇〇人が採用され、一定の訓練がほどこされたあと、一九一七年七月、農地への派遣が開始された。

女性農耕部隊には、発足当初、応募が殺到した。一九一七年七月までに、四万五〇〇〇人の応募があったが、農務省はこのうち五〇〇〇人のみを採用している。ロイド・ジョージ内閣の農相をつとめたアーンリ男爵は、この低い採用率の原因を、農業労働に必要とされる高い身体能力が欠如していたためと説明

図45　女性農耕部隊の募集ポスター（IWM）

した。たしかに、農作業の多くは戸外での肉体労働で構成されており、ある程度の身体能力は不可欠であった。しかし、応募者に義務づけられた身体検査の結果、「体力面で不適合」とされたのは、四万五〇〇〇人の半分程度にすぎなかった。このうち、わずか二〇〇〇人しか採用されなかったのは、採用する側が中流階級の教養層を欲したためである。それは、保守的な農村地域に若い女性が大量に入り込むことに、農村側の強い抵抗があったことを考慮したものであった。

表6は女性農耕部隊の人員数の推移を示したものである。女性農耕部隊は、戦時に立ち上げられた組織のなかで、けっして規模の大きなものではなかった。しかし、一九一七年七月から翌年三月にかけて隊員は少しずつ増え、一九一八年九月に大幅増員▼されている。大幅増員の背景には一九一八年春の陸軍による大々的な募兵キャンペーンが影響していた。徴兵制が強化されるにともない、農村における労働力不足も深刻さを増していった。さらに、戦争の長期化によって食糧供給に著しい問題が生じるようになると、政府は農産物の増産を指示する。こうして、農地に派遣される女性隊員の数は、半年間で二倍以上に跳ね上がったのである。

採用後、農作業の経験のない隊員たちには、まず農業訓練がほどこされた。部隊が発足した一九一七年三月から解散する一九一九年一〇月までの間に、約二万三〇〇〇人が入隊したが、このうちの六割以上にあたる約一万五〇〇〇人

▼当初こそ多数の応募があった女性農耕部隊であるが、一九一八年三月から七月にかけての応募者は、二万八三九三人にとどまった。部隊は少ない応募者の約四分の一を採用して増員体制をとった。

表6　女性農耕部隊の規模（1917〜18年）（人）

1917年7月	5,000
1917年10月5日	6,000
1917年11月24日	6,672
1918年3月	7,665
1918年9月	16,000
1918年12月31日	11,529

（P. E. Dewey, *British Agriculture in the First World War*, London, 1989, p. 131.）

が何らかの訓練を受けた後に農地に派遣されている。当初、訓練期間は四週間と定められていた。しかし、アーンリ男爵自らが認めているように、訓練内容は「筋力を鍛える」以上の効果は果たさなかった。その後、訓練期間は六週間に延長され、試験も導入された。訓練でとくに重点がおかれたのは搾乳技術の習得であった。一九一八年八月の隊員数は一万二六五七人であったが、そのうちの約半数にあたる五七三四人が搾乳要員として農地に派遣された。エセックスの訓練農場には、二匹の木製の牛が準備され、搾乳の練習用にゴム製の乳房がつけられていたという。

女性農耕部隊の設立当初、農務省が設定した最低賃金は、週二〇シリング（見習い期間は週一七シリング）であった。大幅増員の必要に迫られた一九一八年三月には二二シリング、一九一九年には、二五シリングに増額されている。賃金の増額は、物価の上昇に合わせたものであったため、賃上げによって隊員の待遇が実質的に改善されたわけではなかった。女性農耕部隊の給与は、大戦期を通して、ほぼ非熟練男性労働者の五分の四程度で推移した。興味深いことに、これは女性の身体能力を男性の五分の四程度と見積もった農務省の報告書の内容とも符合している。しかし、この代替率はまだ高いほうで、女性には男性の六割程度の仕事しかこなせないとする厳しい意見も聞かれた。

女性農耕部隊に採用されたすべての隊員が、農場に派遣されたわけではなかった。隊員は、陸軍省の馬糧調達部や、商務省や農務省の材木供給部などにも配属された。一九一九年四月の終わりまでに女性農耕部隊に採用された二万三九六五人のうち、農業に従事したのは二万一二一七人、馬糧調達に従事したのは二二六七人、材木調達に従事したのは五七一人であった（図46～49）。

女性農耕部隊が発足した当初、隊員の派遣先には地域的な偏りが見られた。一九一八年三月までに、地方に派遣された隊員七六六五人のうち、約四〇〇〇人がノーフォークに集中している。同時期、ランカシアやチェシアの酪農地帯にも約一〇〇〇人が派遣されていたが、北東イングランドやウェールズにはほとんど派遣されなかった。それが、大戦末期になると、一四の州に平均二〇〇～三〇〇人の隊員が行きわたるようになる。女性農耕部隊が、農業における代替要員として一定の役割を果たすことが広く認められるようになった証ともいえる。

女性農耕部隊が設立された当初は、隊員は搾乳やトラクターの運転といった熟練業に従事し、その他の単純農作業については、農村地域の慣行にしたがって、村の女性にゆだねることを想定していた。しかし、じっさい農地に派遣された隊員の多くは、単純作業も含め、あらゆるタイプの仕事に従事することを求められた。小規模農場主のなかには、農耕部隊の女性隊員を家内サーヴァントとしか思っていない者も少なくなく、隊員は掃除や調理、果ては乳児の世話といった仕事までこなさなければならなかった。

女性農耕部隊の最大の利点は、農村特有のニーズに柔軟に応えることができ

図46　じゃがいも畑を耕す隊員（IWM）

図47　乾草梱包機を操作する隊員（IWM）

る点であった。たとえば繁忙期に集中的に隊員を派遣したり、必要に応じて別の農地に移動させることも可能だった。それまで農村では、種蒔や収穫などの繁忙期には、村の女性を含む臨時のパートタイム労働者を多数雇用することで対応してきた。しかし、こうした労働者は常に存在するとはかぎらなかったこと、その技術に限界があったことなどから、人員の増減が容易で、技術もある程度もっている女性農耕部隊の有用性はけっして低くはなかった。隊員は契約時に、命じられればどこへでも赴任することを誓約させられていた。また、州ごとに設置された女性戦時農業委員会の許可がないかぎり、職を辞すこともできなかった。発足当初は、契約期間は「戦争終結時まで」とされていたが、一九一八年一月に一年もしくは半年契約に変更された。

女性農耕部隊の特徴は、隊員に制服を支給し、“Army”という語を組織名に採用するなど軍事的要素を取り入れた点にある。隊員には、まず採用時に、オーバーオール二着、帽子、ズボン、レギンス、ジャージ、厚底の靴、レインコートが支給され、六ヶ月後に、オーバーオール、帽子、ズボン、ブーツ、レギンスが追加支給された（図50）。制服の支給にかかるコストは相当な額にのぼった。発足から一五ヶ月間にかかった二三万二七三ポンドの経費のうち、制服代は一三万三七ポンドと実に六割近くを占めている。しかし、農務省は、任務に適した服装をすることは、その効果を高めるうえできわめて重要であるとして、制服の支給にこだわった。そこには、制服を着用する職業に憧れる女性の心理

図48　羊の毛を刈る隊員（IWM）

に働きかけ、より多くの人材を集めようとの意図も働いていた。

じっさい、給与の低さにもかかわらず、発足後まもない女性農耕部隊には応募が殺到した。高い倍率を勝ち抜いた者たちは、憧れの制服に腕を通した。ヴィタ・サックヴィル＝ウエスト*は、夫がいながらヴァージニア・ウルフ*と恋愛関係をもつなど、性や結婚にとらわれない自由奔放な生き方で知られた作家であるが、第一次世界大戦期に、女性農耕部隊に入隊した経験をもっている。ヴィタは、農耕部隊の制服をはじめて着たときの感動を次のように表現している。「ズボンとゲートルが与える慣れない自由を手にして……私は走り、叫び、ジャンプし、塀によじのぼった。私はスクールボーイのような気分になった。」制服が、古い因習にとらわれてきた女性に精神的解放をもたらすものであったことがうかがえる。しかし、制服が女性に与える解放感は、保守的な農村社会にとっては好ましからざるものとして映った。事実、女性農耕部隊の制服は、農村で少なからぬ論争を巻き起こした。制服にはズボンが含まれていたからである。女性によるズボンの着用は、農地ではそれまでも慣習的におこなわれていたとはいえ、女性が公の場でズボンを着用することは都市部においてすらスキャンダラスなことであった。そのため初期の頃は、隊員は、オーバーオールでズボンを隠すこと、隠せないようであれば、公の場に姿を見せないよう命じられていた。農務省は農地に派遣された隊員が周辺住民の好奇や偏見の目にさらされることを予期し、隊員に以下のような服務規程を課していた。

図49　前線で使う電柱用に樹皮をはぐ隊員（IWM）

図50　女性農耕部隊の制服（IWM）

男性の仕事を遂行する以上、あなたは男性の服装をしなければならない。しかし、スモックやズボンを身につけるからには、あなたと会う人が、あなたのなかに騎士道精神を見いだし、尊敬できるよう行動しなければならない。騒々しく醜い行為は、あなただけでなく、その制服、すなわち女性農耕部隊全体への不審を招く。人々があなたを見ているときは、彼らに、祖国のために農地で奉仕する最高のイングランド女性であることを示すように。

隊員は、私服着用時であっても、宝石を身につけたり、レースやフリルのついた服を着たりしないよう注意されていた。高いモラルを維持し、さらにそれを目に見える形で示すことで、部隊に対する社会的信頼を勝ち取ろうと腐心した様子がうかがえる。

女性農耕部隊の隊員の大半は若い女性で占められたため、彼女たちの行動は周辺住民の高い関心を集めた。ハートフォードシアの女性戦時農業委員会が一九一八年八月に定めた規則によると、農耕部隊の隊員は、パブのバーカウンター内への立ち入りや、公の場での喫煙を禁じられ、夜は九時半までに宿舎(となった農家など)に戻ることを義務づけられていた。さらに、職務中であるか否かを問わず、ドイツ人の戦争捕虜と会話を交わすことは厳禁とされた。一九一八年夏、農務省女性部は、フルタイムの厚生委員を八〇人任命し、隊員のもとを訪問させ、規律違反がないか監視させた。厚生委員に与えられた仕事は隊員

ヴィタ・サックヴィル=ウエスト
一八九二～一九六二年。詩人で作家。ケントのサックヴィル男爵家の出身。一九一三年に政治家のハロルド・ニコルソンと結婚し、二児をもうけた。ヴァージニア・ウルフとは一九二〇年代に恋愛関係をもった。ウルフの小説『オーランドー』(一九二八年)は、ヴィタとサックヴィル家をモデルにしたものとされている。

ヴァージニア・ウルフ
一八八二～一九四一年。小説家で評論家。ブルームズベリー・グループとして知られることになる知的サークルを組織し、著名な学者や芸術家と交流した。『船出』『私だけの部屋』をはじめとする多くの著作があり、二〇世紀モダニズム文学の旗手ともいわれる。一九七〇年代以降はフェミニズム作家としても再評価された。

の監視だけではなかった。コンサートやアマチュア劇、イブニング・レクチャーなどを企画して隊員に教養や娯楽の場を提供したり、クラブや裁縫教室、読書サークルを組織するなど、隊員同士の交流もはかった。一九一八年一月には、隊員自らが編集する月刊誌『ランズウーマン』も創刊されている。さらに、農業技術に関するコンペを開催するなど、隊員の知識や技術に懐疑的な農場主向けのアピールにも力をそそいだ。

女性農耕部隊の大半は農業未経験者で占められていた。彼女たちは訓練場で、あるいは派遣先の農地で、一定の農業技術を身につけていった。戦争が終わって部隊が解散したあと、彼女たちはどうしたのだろうか。女性農耕部隊に所属した隊員で、その後の職業が判明している者は一万二六五七人いる。そのうちの約半数（五七三四人）が、戦後、搾乳の仕事に就いたことがわかっている。次に多いのが農作業全般の三九七一人で、荷馬車の運転六三五人、トラクターの運転二九三人と続いている。入隊時に受けた訓練や派遣された農地での経験が、戦後の職業につながっている様子がうかがえる。じっさい、戦前の一九一一年に、一万三二一四人であった農業労働者および農場サーヴァントに占める女性の数は、戦後（一九二一年）、三万二二六五人に急増した▼。一九世紀半ば以来の女性農業労働者の減少という長期的傾向は戦後も続いたものの、女性農耕部隊での経験が、短期的には女性の職業選択にある程度の影響を与えたことはたしかであろう。

▼しかし、その後の一〇年でふたたびその数は減少に転じ、一九三一年には一万七七四四人と、戦前に近い水準まで減少している。

第4章 「戦う」女たち

フランス北部、エタプルの廃墟を行進する陸軍女性補助部隊の隊員たち（1918年4月5日）（Imperial War Museum）

1　銃後の世界から戦場へ——女性ヴォランティア予備軍

　大戦中、前線と銃後の間には「戦う性」と「戦わない（戦えない）性」を隔てる壁が構築された。しかし、それはけっして絶対的なものではなく、「壁」を越え、前線へ向かった女性もいた。「男の居場所」である戦場に足を踏み入れた女性にまず与えられたのは、傷病兵の看護という伝統的な「女の仕事」であった。第一次世界大戦期のイギリスでは、赤十字部隊やヴォランタリ救護部隊*（Voluntary Aid Detachments）などが傷病兵の看護にあたった。救護活動は、社会でも、また戦場でも「女性らしい」仕事として受け入れられたが、第一次世界大戦期には、こうした伝統的な性役割を超え、戦闘行為を直接補佐することを目的とする女性組織も設立された。

　一九一四年一二月、「敵の上陸に備えて国民を守ること」を目標に掲げて発足した「女性ヴォランティア予備軍（Women's Volunteer Reserve）」は、女性を正規軍の予備役として召集しようとする軍事組織であった。この組織が「国民を守る」ために取り組んだのは、男性が担っている非戦闘任務を女性で代替することで、前線に新たな兵力を送り込むことであった。女性ヴォランティア予備軍は発足後すぐに六〇〇〇人あまりのメンバーを集め、全国に四〇の支部を展開した。その活動領域は「銃後の世界」に限られてはおらず、戦場での物資

ヴォランタリ救護部隊
一九〇九年、傷病兵の救護を目的として、陸軍省の指導によりイギリス赤十字社のもとに組織された。その後、大戦期にかけてイギリス全国で部隊が組織され、一九一八年には三三八二部隊を数えるまでに成長した。大戦中は軍の医療体制を補完するものとして、重要な役割を果たした。

の輸送や車両の運転など、それまで男性が果たしてきた仕事も任務に含まれていた。女性ヴォランティア予備軍はリクルートのさいに、階級差別がないことを謳い、あらゆるメンバーがその社会的出自に関係なく、個人として能力を発揮できると宣言していた。しかし、じっさいには隊員のほとんどは上・中流階級で占められ、出身階級に応じた地位が与えられた。

女性ヴォランティア予備軍が短期間に多くの人材を集めることができた一因は、軍服を模してデザインされたその制服にあった。主に上流階級の女性で占められた幹部の制服は、カーキのコートとスカート、ブラウスとネクタイ、丸いフェルト帽で構成されていた（図51）。ローマ時代の軍隊（legio）をイメージし、「リージョナリ」と呼ばれた隊員には、ストッキングが二組、ポケットのついたギャバジンのズボン一着、カーキのオーバーオール二着、靴一足が支給された。女性ヴォランティア予備軍はカーキ色の制服を採用したのみならず、「大隊」という語をもちいるなど、軍隊を意識した組織づくりをおこなった。隊員には、上は連隊長から下は新兵まで軍隊式の階級名が与えられ、幹部に対しては敬礼をし、「サー」をつけて呼ぶことが義務づけられた。軍隊式の行進や教練が積極的に採り入れられ、射撃訓練を望む声すら聞かれたという。じっさいには隊員が武器を手にすることはなかったものの、軍隊化を強く志向する集団であったことがうかがえる。女性ヴォランティア予備軍に多くの女性が引きこまれた最大の要因は、この組織が強く帯びていた軍事色にあった。女性ヴォラ

図51　女性ヴォランティア予備軍の隊員。制服にかかる費用二ポンド一〇シリングは各隊員が負担した。
(Diana Condell and Jean Liddiard, *Working for Victory?*, London, 1987, p. 57.)

ンティア予備軍は制服、階級、敬礼といったミリタリズムの要素を採り入れることで、隊員たちに、「戦争に直接貢献している」、「兵士と同じ犠牲を払っている」との意識をもたせようという明確な意図を有していた。

2　陸軍女性補助部隊

一九一五年の夏、女性ヴォランティア予備軍の後身組織として女性軍隊（Women's Legion）が発足した。創設者であるロンドンデリ侯爵夫人*は、女性ヴォランティア予備軍と決別した理由をのちにこう語っている。「女性ヴォランティア予備軍はあまりに軍隊的だった。……われわれは完全武装したいと望んでいる男のような女性（she-men）の一団に対処しなければならなかった。」ロンドンデリは女性軍隊に懐疑的な世論に対し、「私は好戦的なアマゾネス*からなる軍事組織を作ろうとしているわけではない」と主張し、新組織からできるかぎり軍事的要素を取り除こうとした。その背景には、軍事主義的な女性組織を嫌う陸軍省を懐柔し、公的認可を得たいという彼女なりの目算があった。女性軍隊の創設時には、すでに水面下での折衝がはじまっていたが、一九一六年二月、ついに女性軍隊は陸軍省の認可を得ることに成功する。女性軍隊には軍隊炊き出し部門と自動車輸送部門が立ち上げられ、国内の陸軍駐屯地での活動が開始された。

ロンドンデリ侯爵夫人
イーディス・ヴェイン＝テンペスト＝ステュワート。一八七八～一九五九年。第七代ロンドンデリ侯爵の妻。一九一七年、女性としてはじめて大英帝国第二等勲位（ＤＢＥ）が授与された。

アマゾネス（アマゾンズ）
ギリシア神話に登場する女性のみで構成される部族。黒海沿岸、あるいはアナトリア（小アジア）に住んでいたとされ、生まれた男児は殺されるか奴隷にされ、女児だけが後継者として育てられた。弓を引くさいに邪魔になるとして乳房が切り落とされたことから、「アマゾーン（乳房なし）」の名がついたともいわれる。第一次世界大戦期には「戦う女」「男まさりの女」を指す言葉として否定的にもちいられることが多かった。

女性軍隊が活動を開始した直後の一九一六年三月、イギリス政府はついに徴兵制の導入に踏み切った。女性軍隊の創設はイギリスが志願制の維持を断念したことと無関係ではなかった。志願制のもとでは陸軍の人員不足を解決する見込みはもはやなかったのである。しかし、徴兵制の導入後も陸軍のマンパワー不足が解消されることはなく、ソンムの戦い*以降、その深刻度はむしろ増していった。こうして、軍隊内の補助的任務から男性を解放し、戦闘員として前線に送り込むべく、女性を陸軍内で正式に雇用しようとする動きが加速していくことになる。

一九一七年一月、陸軍省は、陸軍内の補助的任務を遂行する女性組織の設立に関する会議をひらいた。新組織のリクルート源として想定されたのはロンドンデリ侯爵夫人率いる女性軍隊である。女性軍隊はすでにイギリス国内で陸軍とともに活動していたため、会議では女性軍隊の隊員数を増やしたうえで、活動領域を海外（主にフランス）まで拡大する案が示された。女性軍隊の代表者として会議に出席したフローレンス・エリスは、当初、「陸軍に入隊する以上、そこで働く女性は兵士である」との立場をとっていた。しかし、女性を軍隊に入れることへの抵抗は強く、結局、女性隊員は、陸軍の兵籍を得る（enlist）のではなく、陸軍の要員として登録する（enroll）という形をとることになった。陸軍司令官ダグラス・ヘイグ*は、女性労働の必要性は認識しつつも、女性に代替できる職域や仕事の量については懐疑的であった。ヘイグは、あくまで女性

ソンムの戦い
一九一六年七月から一一月にかけてフランス北部のソンム河畔でおこなわれたイギリス・フランス連合軍対ドイツ軍の戦い。ドイツ軍の前線を幅四五キロにわたって突破しようとする大規模な作戦であったが、わずかな陣地を得ただけで大量の戦死者を出す結果に終わった。

ダグラス・ヘイグ
一八六一〜一九二八年。イギリス陸軍元帥。一九一五年から大戦終了までイギリス海外派遣軍の司令官をつとめた。

は男性の希釈要員として雇用すべきであるとの線を譲らず、陸軍内で事務や調理、洗濯といった業務に携わっている男性一三四人に対し、二〇〇人の女性を代替する案を提示した。女性を労働力として軍隊のなかに取り込まざるをえないという緊急の必要性と、女性を銃後の世界にとどめておきたい欲求とのせめぎあいが見てとれる。

　こうして、ついに女性は「男の聖域」である軍隊に足を踏み入れることになった。しかし、女性の雇用にさいしては、ヘイグの主張にそって、徹底した労働希釈《ダイリューション》*がおこなわれた。女性隊員の給与も同等の仕事をこなす男性の約三分の二におさえられた。陸軍省の財政部門の統括者であったパターソンはその理由を、「もし海外で働く女性に、彼女が代替する男性と同じ給与を払ったら、彼女たちを兵士として遇することになる」とその理由を説明した。こうして一九一七年三月、陸軍評議会指令第五三七条にもとづき、「陸軍女性補助部隊（Women's Army Auxiliary Corps）」が発足する。陸軍女性補助部隊は陸軍内で活動する組織として認可されたものの、陸軍とは別組織として扱われた。陸軍女性補助部隊に続いて一九一七年一一月に発足した海軍女性部隊（Women's Royal Naval Service）や一八年四月に創設された空軍女性部隊（Women's Royal Air Force）が、海軍や空軍の一部局としての地位を獲得したのとは対照的である。ただし、陸・海・空いずれの女性部隊においても、隊員は兵士としてではなく、あくまで従軍者の地位にとどめおかれた。登録時に署名した誓約書の内

労働希釈（ダイリューション） 熟練労働者の欠員に対し、未熟練労働者や不熟練労働者を代替的に投入することを指す。第一次世界大戦期のイギリスにおいては、（男性）未熟練労働者の上位職務への格上げから、女性を含む複数の不熟練労働者による代替へと段階的に進行した。

容にそむいた者は、兵士が服す軍法ではなく、一九一六年以降段階的に制定された国土防衛法にもとづいて罰せられた。

陸軍女性補助部隊は監査官とその下の管理官によって統率された。平均的な規模の陸軍キャンプ地は部隊管理官が統括し、副管理官と補助管理官がこれを補佐した。陸軍側は、陸軍女性補助部隊の発足にさいし、敬礼を強制してはならないこと、何らかのバッジをつけることは認めるがそれは陸軍のものとは明確に区別できるようなものでなければならないことなどを確認した。陸軍関係者はバッジの取り扱いについてはひじょうに神経質であった。なぜなら、階級を明示するバッジには敬礼がともなったからである。陸軍女性補助部隊の幹部が陸軍と同じバッジを身につけた場合、徴兵された男性兵卒が法律上は民間人である陸軍女性補助部隊の女性幹部に敬礼しなければならなくなる事態も生じえた。内部統率の必要性を理由にバッジの採用にこだわっていた陸軍女性補助部隊は、王冠や十字といった陸軍バッジに多用されていたモチーフを避け、薔薇や百合といった「女性らしい」デザインを採用することで陸軍側に一定の配慮を示した。

また、女性部隊では、軍隊で上官を呼ぶさいにつける「サー（Sir）」に対応するものとして、「マム（Ma'am）」という呼称がもちいられた。ここで重要なのは、陸軍との軋轢を生む可能性があるとわかっていながら、陸軍女性補助部隊がバッジや上官への敬称の採用に固執した点である。そこには、デザインや呼び方を変えることで、陸軍との差別化（それは陸軍側の要請であった）をはかりながらも、組織内の秩序を軍隊的規律によって維持しようとの意図が明らかに働いていた。

陸軍女性補助部隊のリクルート活動は一九一七年二月に開始された。二月二〇日付けの新聞で陸軍を補佐する女性部隊が発足することが発表されると、多くの志願者が職業安定所に足を運んだといわれている。ロンドンのトラファルガー広場にはリクルートのためのブースが開設され、新聞各紙は労働大臣が主宰したセレモニーの様子を大々的に報道した（図52）。

図53は一九一七年三月から休戦協定▼が結ばれる一九一八年一一月までの入隊者数を月ごとに示したグラフである。陸軍女性補助部隊には、発足と同時に志願者が殺到したといわれている。しかし、当初の「熱狂」をのぞけば、発足初年の一九一七年を通して人員確保に成功しているとはいいがたいことがわかる。リクルート数に大きな変動が見られるようになるのは一九一八年に入ってからである。一九一八年三月から五月にかけてのリクルート数は、それ以前の三ヶ月間に比べると約四倍、組織の全体数もおよそ二倍に膨れ上がっている。休戦協定の締結に至る最後の三ヶ月間は事実上リクルート活動は停止していたため、一九一八年三月以降、陸軍女性補助部隊がそれまでにない規模の女性をリクルートできたことがわかる。発足から約一年間、陸軍女性補助部隊のリクルート数がふるわなかった原因は何だろうか。また、一九一八年になって急激にリク

図52　トラファルガー広場でのリクルート活動（IWM）

▼一九一八年一一月一一日、連合国とドイツの間で結ばれた。パリから約五〇キロのところにあるコンピエーニュの森に引きこまれた列車のなかで署名がなされた。この協定にもとづき、戦闘行為の停止、ドイツ軍のアルザス・ロレーヌからの撤退、戦闘機材の引渡し等がおこなわれた。休戦期間は当初三六日間とされたが、数度の延長を経て、終戦に至った。

ルート数が伸びたのはなぜだろうか。

まず考えられるのは、創設当初はそれほど多くの人員が必要とされていなかった、すなわち、そもそも陸軍側の需要が高くなかったという可能性である。しかし、陸軍省はすでに一九一七年の初めの時点で、前線に送られる男性の代替要員として二〇〇〇人ほどが必要とされていることを認識していた。一九一七年三月に出された陸軍女性補助部隊の最初の募集広告には、「ただちに一万人の女性が必要である」と書かれていたし、一九一七年の終わりまでには、必要とされる人員数は四万人と明記されるようになっていた。つまり、陸軍省は数万単位の人員を必要としていたにもかかわらず、最初の一万人を確保するのに実に一〇ヶ月を要した計算になる。しかも、そのうちの七〇〇〇人はすでに女性軍隊で活動していたメンバーで、労働市場から新たにリクルートできたのはわずか三〇〇〇人にすぎなかった。陸軍女性補助部隊が四万人の人員確保に成功するのは、一九一八年一一月に入ってからのことである。

ただし、人員不足に悩まされたのは労働者階級の女性が圧倒的多数を占める家政部門のみで、より教養の高い層をターゲットとする事務職員のリクルートはおおむね成功した。一九一七年七月まで、隊員の七〇パーセントは事務系職員で占められていた。その後、家事部門へのリクルートが強化され

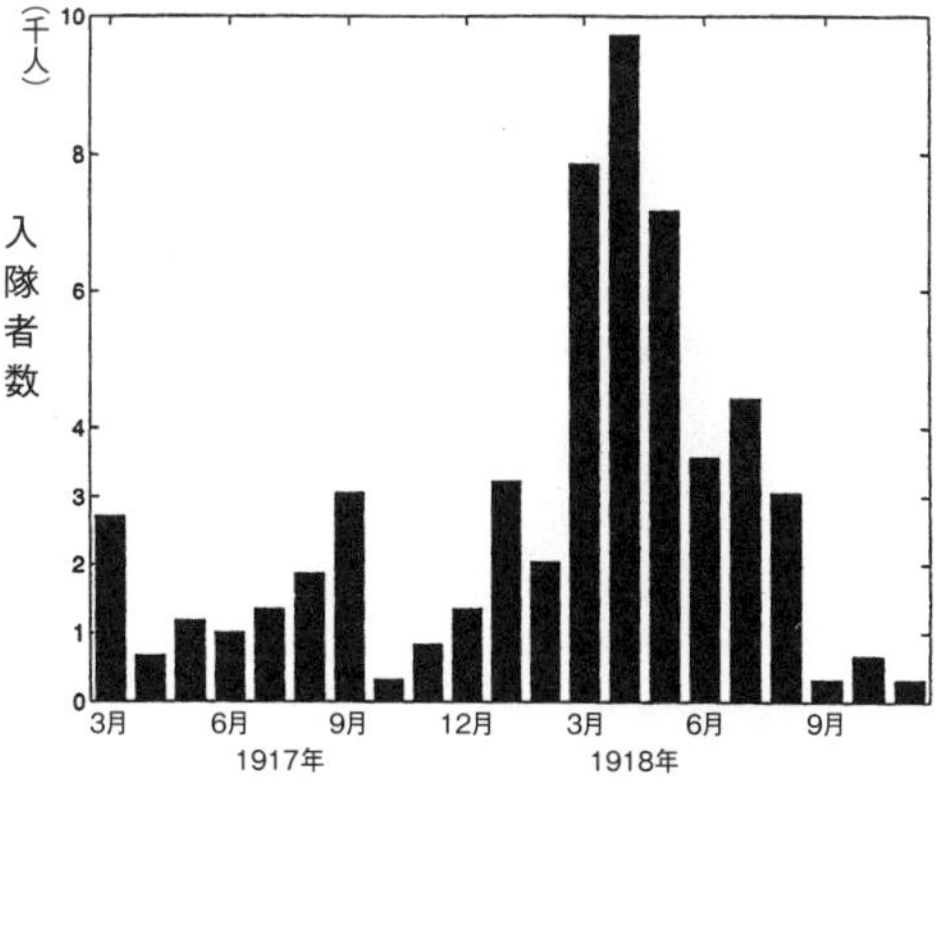

図53 月ごとの陸軍女性補助部隊への入隊者数（一九一七年三月〜一八年一一月）
(Billie Melman (ed.), *Boderlines*, New York, 1998, p. 379.)

たにもかかわらず、一九一七年一二月段階でも、事務系職員は全体の四七パーセントと半分近くを占めていた。リクルート活動における最大の課題は、家事部門で働く労働者階級女性をいかにひきつけるかであった。リクルート上、もっとも大きな障害となったのは賃金である。陸軍女性補助部隊は職歴の浅い一〇代の女性をひきつけることには成功したものの、勤続年数の長い労働者階級の女性たちは、なかなか自らの職を放棄しようとはしなかった。また、大戦期に多くの労働者階級女性が働いた兵器工場と比べると、陸軍女性補助部隊の給与は明らかに見劣りがした。たとえば、戦前、週給一七シリングで食料雑貨店の手伝いをしていたある女性は、大戦の勃発後、軍需工場で働くようになったが、軍需工場での給与は週給四〇シリングと二倍以上に跳ね上がった。その後、彼女は失職し、陸軍女性補助部隊の売店に勤務したが、そこでの給与は週三一シリングと、前職と比べ約二割も減った。労働者階級女性が陸軍女性補助部隊に多く入隊するようになるのは、帰還兵の流入などで軍需工場での女性雇用が▼頭うちになり、多くの女性労働者が解雇された一九一七年末から一九一八年にかけてのことである。

軍需工場での需要が高かった時期、陸軍女性補助部隊は明らかにリクルートに苦戦していた。つまり、労働者階級女性の多くは、愛国熱がイギリス中を席巻した最初の二ヶ月間を例外とすると、工場労働をはじめとする他の多くの選択肢と比較したうえで、より待遇のいい職を冷静に、慎重に選びとったことが

▼工場労働と陸軍女性補助部隊の給与を単純に比較することはできない。陸軍女性補助部隊の報酬には戦時ボーナスや洗濯代が加算されたうえ、二週間の休暇や医療ケアもついてきた。物資が不足するなか配給も豊富であった。

うかがえる。彼女たちは、陸軍女性補助部隊への入隊をヴォランタリ活動の延長上でとらえた中流階級女性とは違い、これを戦争奉仕（service）というより、自らの生活を支える職業（work）としてとらえていたのである。

陸軍女性補助部隊は五つの部門から構成された。洗濯や掃除などの家事部門、炊き出しや簡易食堂の運営を担当する調理部門、軍事物資の修理や回収をおこなう機械部門、事務および通信部門、そして戦没者の埋葬部門の五つである。隊員たちがこなした任務の多くが、掃除、洗濯、調理、事務など、従来から「女性の仕事」とみなされてきたものばかりである点は重要である。リクルートの対象となったのは年齢二〇～四〇歳の女性で、夫が出征して海外にいる者は対象外とされた。発足時のメンバーはすべて女性軍隊から採用された。女性軍隊での活動を経ずに陸軍女性補助部隊に入隊した者は、配給、通信、衛生、行政、保険、令状執行、報告書の作成などを中心に二週間の訓練を受けた。その後、四時間の軍事教練と実地訓練を経て試験が課される。試験に合格した者は、実習生として二週間、国内で活動する部隊に所属し、管理官からの報告をもとに最終的な審査がおこなわれ、採用の可否が決定された。

陸軍女性補助部隊には、最盛期で五万三〇〇九人の女性が登録していた。そのうち、上流階級および上層中流階級の出身者は五パーセント弱を占め、その多くは管理職や救急車の運転手をつとめた。戦前に運転免許をとる余裕があったのは中流階級以上の女性のみであったからである。一方、事務部門で働く女性の大半は、下層中流階級の出身者で占められていた。彼女たちの多くは電話交換手やタイピストなど、戦前から同様の仕事に就いた経験をもっており、それぞれの技能に応じた給与が支払われた。一方、洗濯や掃除、調理といった仕事に従事した女性の多くは労働者階級の出身者であった。陸軍女性補助部隊に続いて創設された海軍と空軍の女性部隊は規模が小さく、リクルートの対象をほぼ中流階級女性に限定していた。そのため、こうした組織では出身階層の違いが隊員の間に亀裂を生むことはまずなかった。陸軍女性補助部隊には平時の社会の階級構造が、その役割も含めてほぼそのまま持ち込まれたのである。

塹壕戦への突入で戦争が膠着状態に陥ると、兵士たちは長期間にわたって戦場にとどめおかれるようになった。また、両軍が至近距離でにらみあう前線では、兵士は頭を出せば確実に狙い撃ちされるという極度の緊張にさらされたため、最前線の兵士は、おおむね二週間ごとにいったん後方に下げなければならなかった。戦いが長期化するにつれて、戦場には兵士が食べ、眠るための一種の「家庭」が構築されていく。第一次世界大戦期の陸軍女性補助部隊の隊員をとらえた写真は、まるでバカンスでも楽しんでいるかのように兵士とのリクリエーションに興じたり、大量の食材を調理したり、掃除や洗濯に精を出す女性の姿をとらえている（図54～56）。

制服をスマートに着こなした隊員たちの多くがじっさいに従事したのは、兵士の日常を支える掃除や洗濯、調理といった、伝統的な「女の仕事」であった。

図54　ドーヴァー海峡に面するブローニュのビーチで休暇を楽しむ隊員たち
イギリス軍だけでなく、フランス軍やアメリカ軍の兵士、地元の子どもたちも写っている。（IWM）

主に労働者階級から家事部門にリクルートされてきた隊員たちは、戦場につくられた兵士の「家」で彼らの日常を支える「妻」の役割を演じることを期待されたのである。

このように、陸軍女性補助部隊に与えられた任務の多くは、旧来のジェンダー規範の枠組みのなかにとどまるものであった。そこが軍隊という「男の聖域」であることをのぞけば、隊員たちが従事したのは、銃後の世界にとどまった「戦わない女」に与えられた仕事とさほど変わらなかった。しかし、家庭という本来の居場所を捨てて軍隊の「なか」に足を踏み入れた女性たちは、イギリスにいる「戦わない女」たちとは区別してとらえられた。とくに、兵士の日常を支えた労働者階級の女性たちは、兵士と接する機会も多いがゆえに、常に「疑い」の目で見られた。女性隊員の素行に対する強い関心は、やがて一つのスキャンダルを生み出すことになる。

3　性的スキャンダル

陸軍と行動をともにする女性隊員の素行の監視は、陸軍女性補助部隊の前身組織である女性軍隊の時代から指導者がとくに気を配っていたことであった。女性軍隊では、外出時は常にペアを組むこと、門限は二一時半、二二時一五分以降は私語厳禁と決められていた。喫煙はコックの居室でしか許されない行為

図55　フランス、ルアンの陸軍キャンプでお湯を沸かす隊員（一九一七年七月）（IWM）

図56　アブヴィルで陸軍幹部にビールをサーブする隊員（IWM）

であり、特別な許可がないかぎり兵士と連れ立って歩いたり、並んで腰かけたりした者は即解雇と定められていた。陸軍女性補助部隊の隊員も、夏は二一時一五分、冬は一九時三〇分におこなわれる点呼が終われば、特別な理由なく外出することはできなかった。種々のイヴェントやパーティーに出席するときは、必ず集団で、かつ女性の監督者が付き添わなければならなかった（図57）。

陸軍女性補助部隊の海外部門の首席監査官であったヘレン・グウィン＝ヴォーン*（図58）がはじめて隊員の性的不品行の噂を耳にしたのは、一九一八年一月半ばのことであった。事の発端は、前線の兵士が家族に宛てて書いた一通の手紙であった。そこには、陸軍女性補助部隊の隊員が妊娠を理由に次々と帰国させられていると書かれてあったのである。その直後、新聞各紙が一斉に報道を開始する。一九一八年一月二四日の『デイリ・スケッチ』は、この問題をとりあげて、「兵士と連れ立って歩いたり、腕をからませたり、腰に手をまわしたり……。トミーと陸軍女性補助部隊の一般隊員の間のこうしたエチケットは、われわれの常識からは逸脱している」とコメントしている。

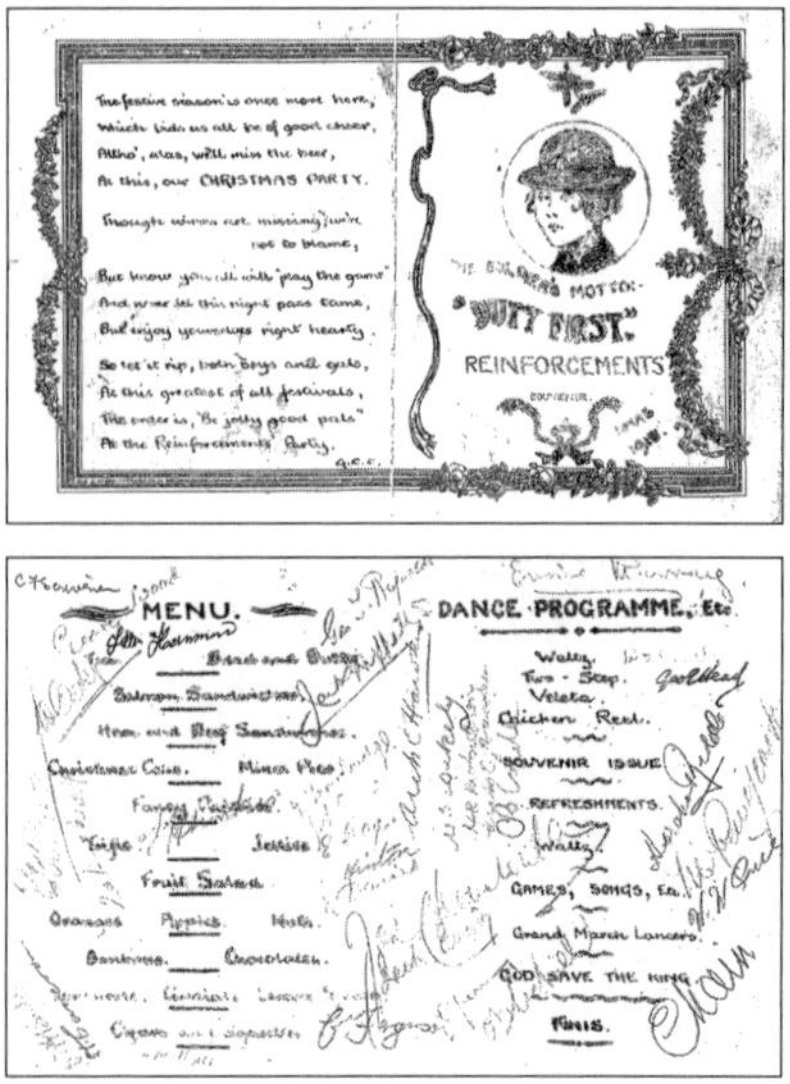

図57　兵士に向けたクリスマス・パーティーの招待状
隊員が手作りしたもので、食事のメニューとダンス・プログラムを記したページには寄せ書きがなされている。(IWM)

労働大臣Ｇ・Ｈ・ロバーツは、「噂」を広めているのは平和主義者であるとして、これに何らかの対抗措置を講じる必要があると主張した。前年の七月に陸軍女性補助部隊の視察をおこなっていたカンタベリ大司教は、「堕落した女性隊員の話はきわめて不正確で、中傷以外のなにものでもない」と部隊を擁護した。しかし、それでも騒ぎはおさまらず、ついに一九一八年三月、陸軍省は委員会を任命し、陸軍女性補助部隊の活動と素行に関する調査に着手する。当時、著名な社会改良家で、国王ジョージ五世にも近かったヴァイオレット・マーカムをはじめとする六人の上流階級女性で構成された委員会は、フランスに渡り、八日間にわたる聴き取り調査をもとに「噂」の真相をさぐった。調査団は二九のキャンプ地をめぐり、陸軍女性補助部隊の幹部のみならず、陸軍副司令官やキャンプ地の指揮官、検閲官、牧師、医療関係者、ＹＭＣＡやＹＷＣＡの幹部など約八〇人と意見交換をおこなった。

一九一八年三月二〇日に提出された報告書は、対象が「噂」というあいまいな性質のものであったため調査は困難をきわめたとしながらも、「陸軍女性補助部隊についてなされている告発内容を正当化する根拠は一切見い出されなかった」と結論づけた。報告書によると、一九一八年三月二日の時点で、六〇二三人の女性隊員がフランスで活動していたが、医師の診察記録を精査した結果、フランス到着後に妊娠が発覚した者は二一人（全体の約〇・三パーセント）、性病に罹患した者が一二人（全体の約二パーセント）であった。妊娠した者のうち

ヘレン・グウィン＝ヴォーン
一八七九～一九六七年。植物学者。陸軍女性補助部隊での功績が認められ、一九一七年、女性初の大英帝国第三等勲位を受ける。一九一八年には空軍女性部隊の指揮官もつとめた。戦後はロンドン大学バークベック・カレッジの教授となり政治にもかかわった。一九二九年に大英帝国第一等勲位を受けた。

図58　ヘレン・グウィン＝ヴォーン（IWM）

二人は既婚者で、大半がフランスに渡る前にすでに妊娠していたとされた。また、規律違反で本国に送還された者は一九人、職務怠慢で送還された者は一〇人、体調を崩して除隊（性病罹患者を含む）されたのが五九人、いわゆる家庭の都合で帰国した者が二一人と報告された。

調査の結果、女性隊員の妊娠率は、平時の社会で生じる婚外子の出生率に比べればはるかに低いと結論づけられたが、それではなぜ、このような噂が広まったのだろうか。報告書では、陸軍女性補助部隊の発足で、（陸軍内の）非戦闘職から締め出された男性兵士の嫉妬や敵意が手紙のなかに表現され、それがもとで噂が広まったと分析された。調査委員会は、「（陸軍女性補助部隊は）健全で明るく自尊心が高く、仕事熱心な女性の集団で、自分の立場が国家の目的と強い関係をもっていることをよく自覚し、その働きぶりも申し分ない」とする報告内容をまとめた。調査委員会が強調したのは、「普通の女性」すなわち、本国で工場などに勤務する女性と比較した場合、陸軍女性補助部隊の規律ははるかによく保たれているという点であった。報告書は、女性を軍隊と密接なつながりをもつ組織内で雇用することは、新たな、そして革命的な実験であると評した。外国の地で、軍隊とともに働く女性には、国内の民間会社で働く女性には起こりえない虚説が流れるというのである。

そのうえで委員会は以下のような提言をおこなった。組織の規模が大きくなるにつれ、その規律を維持するのはしだいに困難になるため、組織の規模にあわせ、隊員の行動を厳しく管理する制度をととのえなければならない。さらに、フランスに派遣する隊員の「質」をリクルート段階で見極める▼とともに、隊員の配置転換や解雇に関する権限をより強化することが提言された。調査報告の概要は新聞でも報道されたが、翌日に起こったドイツ軍による大規模攻勢で、そのインパクトはかき消されてしまった。

「噂」を打ち消す報告書が提出されても、一度失った信頼を回復するのは容易なことではなかった。失墜した評判を取り戻し、質のいい人材を確保すべく陸軍省が取り組んだのは、イメージ一新のための宣伝活動であった。調査委員会の報告書が公刊された頃から、イギリスでは陸軍女性補助部隊の活動の様子を紹介する展覧会が開催されるようになった。隊員のリクルートも兼ねていた展覧会では、海外で活躍する隊員の様子をとらえた写真や制服、装備品、バッジなどが展示され、イングランド、スコットランド、ウェールズの各都市を一週間から一〇日くらいかけてまわった。制服を身にまとった隊員も登場し、展覧会は各地で好評を博したという（図59）。

また、イメージの転換は組織名の変更によってもはかられた。一九一八年四月、陸軍女性補助部隊は、国王ジョージ五世の妃メアリの名を冠し、「クィーン・メアリ陸軍補助部隊▼（Queen Mary's Army Auxiliary Corps）」へとその名を変えた。部隊は、王室というシンボルをその頂点に戴くことで、組織の正統性と清廉潔白さをアピールしようとしたのである。

▼陸軍女性補助部隊の隊員を律する規定は、陸軍刑法一八四条の従軍者（camp followers）に関するもの以外存在しなかった。従軍者が軍隊に危害を加えた場合には軍法会議にかけられることになっていたが、それ以外のケースには、国土防衛法が適用された。

図59　高級百貨店ハロッズで開催された展覧会のポスター　肖像画や写真、制服の展示のほか、幹部による講演がおこなわれた。（IWM）

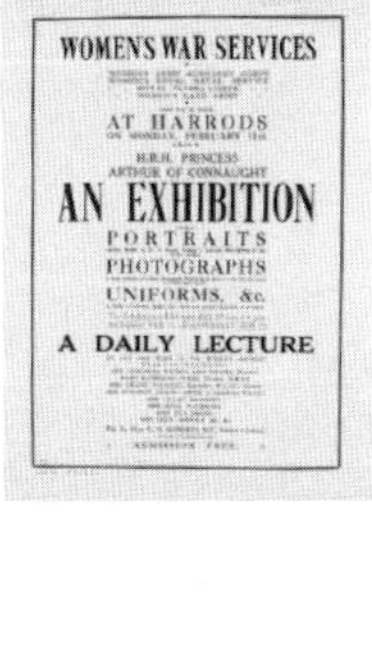

▼部隊は終戦後も戦没者の埋葬をはじめとする任務を続け、一九二一年九月二七日、すべての活動を終えて解散した。

4 「越境する女」への批判

陸軍女性補助部隊が創設されるさい、陸軍側がもっとも問題視したのは、その任務内容ではなく、隊員が身につけた制服であった。第一次世界大戦期のイギリスで女性が制服を着用することはけっしてめずらしいことではなかった。前述したように、郵便配達人、鉄道やトラムの車掌、ポーター、警備員など、制服を着用する職業は少なくなかった。また、赤十字やヴォランタリ救護部隊のように、制服を着用して、戦場で奉仕活動に従事した女性も多数存在した。しかし、こうした女性たちが戦場で着用した制服は、「カーキ」ではなく「白」であり、その役割も傷病兵の看護というもっとも女性らしいものに限定されていた。彼女たちはたしかに「銃後の世界」にとどまってはいなかったものの、育み、慈しむ性としての役割を一身に担った理想的な女性であった。白衣に身を包んだ看護師たちは、兵士が帰るべき／守るべき「家」そのものであり、男性を鼓舞して戦いに駆り立てる（銃後の世界の）女性の象徴でもあった。一方、陸軍女性補助部隊の隊員は、男は戦地へおもむき、女はその隊列を歓喜のうちに見送るという構図のなかにはおさまりきれなかった。たとえその役割が女性的な任務に限定されていたとしても、女性が公的に認可された制服を着用して軍隊と行動をともにすることは、戦時におけるジェンダー規範からは明らかに逸脱していたからである。

陸軍女性補助部隊の創設にあたって陸軍側が最後まで難色を示したのも、女性隊員による制服の着用であった。陸軍省内の覚書には以下のような文章が残されている。

本国では三〇〇〇人もの女性が制服を着用せずに任務をこなしている。なぜ今、われわれが（陸軍女性補助部隊の）制服代を負担しなければならないのだろうか。陸軍に所属する男性への軍服の支給ですらしだいに困難になってきており、女性に支給する余分な制服はもはやない。今までのように、他の色合いや他の生地の衣服を自費で購入させたとしても、女性の働きに何ら変わりはないであろう。

一見したところ、ここで批判の対象となっているのは制服の支給にかかる費用のように思える。しかし、「他の色合い」や「他の生地」の採用を推奨するこの文章には、カーキ色の軍服を、兵士（だけ）の特別な衣服にしておきたいとの意識がにじみでている。大戦期の女性にとって、カーキ色の制服は憧れの的であった。陸軍女性補助部隊が創設されるさい、制服の色を「青」にしようとする動きも見られたが、リクルートのさいに特別なアピール力を発揮するとして「カーキ」が採用された。じっさい、陸軍女性補助部隊の募集ポスターには、軍服を連想させる制服をさっそうと着こなし、笑顔で手をふる女性の姿が描かれている（本書カバー、図60）。当時、大量に撒かれた募集広告でも、「採用された者には、カーキ色の制服と肩章が支給される」ことが強調された。

新聞の投書欄には、女性ヴォランティア予備軍、女性軍隊、そして陸軍女性補助部隊といった軍事組織に属する女性が身につけた制服、公衆の面前でおこなわれた軍隊教練や行進、敬礼やバッジへの批判が殺到した。制服、教練、行進、敬礼はいずれもミリタリズムの核となる要素ばかりである。一九一五年七月一六日付けの『モーニング・ポスト』には、女性ヴォランティア予備軍の制服に対する「ある女性」からの投書が掲載されている。そこには、当時の制服に関する典型的な批判が見てとれる。

> 何千という兵士たちがその行為の誇りと勝利のシンボルとしてきた軍服の模造品を着用することを、彼女たちは恥としなければならない。私は彼女たちがどの師団に属するのか知らないが、看護師や病院の雑役婦になれないのであれば、フロックコートを作るか、果物を収穫してジャムを作るか、少なくとも女性が手伝えることは山とあるのではないだろうか。どうか、馬にまたがったり、そこら中を行進したりして、国王の制服の価値を貶めるようなことだけはしないでほしい。

「国王の制服」と見出しのついたこの投書が『モーニング・ポスト』で展開された一連の制服バッシングの口火を切った。これに同調した別の投書者は、

図60　陸軍女性補助部隊の募集ポスター（IWM）

女性による軍服の着用を「こっけいな仮装」と嘲笑したうえで、こうした行為を「軍隊の猿真似」、「戦場で死んでいった数千の男性を愚弄するもの」として批判した。同じ日の紙面には、女性ヴォランティア予備軍の幹部の一人であるイザベル・ハンプデン・マーゲスンによる反論も掲載された。マーゲスンは、制服の着用については、内部統率というきわめて実用的な目的をもつものとして理解を求めたうえで、軍事教練や行進についても、肉体鍛錬と規律化のために不可欠であると主張した。さらに、制服を着用した女性を嘲笑する風潮に「驚いている」としたうえで、「制服姿の女性を嘲笑うなどという行為は、時代錯誤どころか、いずれ理解不能なものとしてとらえられるようになるだろう」と反論した。別の投書者も、「(女性が) ジャムを作るのはたしかに大事なことだが、それは敵が海岸から上陸するのを食いとめることはできない」とした上で、「軍服を着たレディたちは、塹壕にいる兄弟たちと同じぐらい愛国的であることを示しているだけ」とマーゲスンを擁護した。しかし、こうした意見は女性ヴォランティア予備軍の関係者やフェミニストなどごく少数者のもので、「兄弟」と「姉妹」は違うとの考えが多数を占めていた。「ある女性」の投書に感銘を受けたという別の女性は、一九一五年七月二〇日の『モーニング・ポスト』に掲載された投書のなかで、「なぜ軍隊の猿真似をしなければならないのだろうか。たしかに、われわれは男性が負ってきた責任や仕事の多くを肩代わりしなければならない。しかし、われわれの特性を守り、われわれを男性的にするようなことだけはしないでおこう」と訴えている。

数日後、ふたたび「ある女性」からの投書が掲載される。投書者はマーゲスン対し、以下のような反論をおこなった。

彼女たちはけっして兵士にはなれない。どんなに教練を積んでも、たとえ世界中を行進したとしても、彼女たちは兵士にはなれない。……この一一ヶ月間、私はあらゆる階級の兵士に会ったが、女性が軍服を着て行進しているのを見たら、彼らは称賛するどころか嘲笑うだろうと確信している。

同じ一九一五年七月二一日の紙面には、「戦えない性」の限界を指摘した別の投書も掲載された。

［女性が着ている軍服は］、必然的に男性でなければならない国王の兵士が着用している制服のパロディにすぎない。男性が女性のドレスを着ようと奮闘するのを見たことがあるだろうか。……看護師の制服は看護師である女性が着るから名誉なものであるのと同様、兵士の制服は兵士である男性が着用してはじめて名誉なことといえる。

女性による制服の着用は、軍服の「盗用」として受けとめられた。それは、女性を「男性的」にすることでジェンダー役割を動揺させるだけでなく、軍服がもつ神聖さを汚す行為とみなされたのである。

5 女性戦士《アマゾンズ》か家庭の天使か

軍隊のなかに足を踏み入れた女性に対し、これを受け入れる側の男性たちはどのような反応を示したのだろうか。陸軍女性補助部隊の首席監査官、ヘレン・グウィン＝ヴォーンは、部隊の派遣予定地であったアブヴィルやルアンの陸軍キャンプ地を視察したさい、女性が軍隊のなかに入ってくることに幹部クラスは好意的な反応を示したものの、一般兵士たちの間には強い反発が見てとれたと語っている。陸軍女性補助部隊がフランスでの本格的な活動を開始した一九一七年一一月、グウィン＝ヴォーンは、『デイリ・テレグラフ』のインタビューに対し、以下のように答えている。

もし、男性兵士が女性隊員に暴言を吐いたり無作法なふるまいをした場合には、そばにいる男性に彼を黙らせ、二度とそのようなことをさせないようにする。年配の男性に対してはこう言いたい。自分の娘だと思って接してほしい。若い男性にはこう言いたい。自分の姉妹だと思って扱ってほしいと。

男性兵士と女性隊員とでは、法律上の地位も任務内容も明らかに異なっていた。しかし、陸軍女性補助部隊の隊員たちと日々接することになる兵士の側には、強い警戒心が見られたことがうかがえる。グウィン＝ヴォーンのインタビューのなかで興味深いのは、女性隊員に暴言をはく兵士を「黙らせる」のは、陸軍女性補助部隊の幹部ではなく「そばにいる男性」であるという点である。首席監査官という高い地位にありながら、グウィン＝ヴォーンには無作法な兵士を「黙らせる」権限すらなかった。あるいは、そうした行動をとることが、兵士の反発をあおる恐れがあることを、グウィン＝ヴォーンが自覚していたということなのかもしれない。

女性の労働力を必要としながらも、「男の聖域」を守ることに固執した陸軍側は、陸軍女性補助部隊にさまざまな制約を課した。女性隊員は、兵士ではなく、法律上は従軍者、すなわち民間人のままであった。隊員のリクルート業務を実質的に担ったのは女性軍隊であったが、これを統括したのは陸軍省ではなく、一九一六年に新設された労働省であったという事実が、彼女たちが一貫して陸軍の「外」にとどめおかれたことを物語っている。

女性ヴォランティア予備軍や女性軍隊、陸軍女性補助部隊といった女性軍事組織の側も、兵士のマスキュリニティを傷つけることがないよう、細心の注意を払った。たとえば、厳しい批判の矢面に立たされた女性ヴォランティア予備軍の指導者などは、軍事教練の必要性を訴えるさいに、それが母体としての女性の健康を促進すると主張することで理解を得ようとした。

陸軍女性補助部隊も陸軍を刺激しないよう女性性のアピールにつとめた。制服は、女性が女性としての役割から逸脱しつつあることを目に見える形で表現するものでもあったため、軍隊内の階級を示すようなバッジや敬礼といった軍事的要素が極力排除されるなど、「女性らしさ」を強調するような工夫がほどこされた。また、女性らしさを強調するために、戦没兵士の埋葬と墓地の管理にも力をそそいだ。英雄の死に畏敬の念を表す埋葬という行為は、戦場の女性にもっとも適した仕事として共感を得やすかったからである。戦死した兵士の墓を整備する隊員の姿は、陸軍女性補助部隊の「女性らしさ」を体現するものとして、多くのカメラにおさめられた（図61）。

陸軍女性補助部隊の国内部門の首席監査官であったモナ・チャルマーズ＝ワトソンは、新聞の取材に対し、以下のように答えている。

わが組織の隊員たちは、兵士のように兵籍を得ているわけではない。彼女たちは登録書に署名しているだけで、その誓約にもとづいて終戦まで奉仕する。もし、誓約を破れば国土防衛法のもとで裁かれる。たいへん喜ばしいことに、隊員の規律を保つのは容易で、みな熱心に働いている。しかし、どの家庭にも黒い羊はいるものだ。だからこそわれわれは、罰則の制度をととのえ、例外に備えている。……隊員たちは女性戦士《アマゾンズ》などではなく、私たちがよく知る少女であり、古き良き

図61 連合軍兵士の墓を管理する陸軍女性補助部隊の隊員（一九一八年、アブヴィル）(IWM)

時代に家庭の灯火となった妻や母や姉妹たちだ。彼女たちはふたたび家の明かりを灯しに戻っていくことだろう。

ワトソンは、当時著名なフェミニストであったにもかかわらず、陸軍女性補助部隊の隊員が、どこにでもいる普通の女性であることを折に触れて強調した。戦争が終われば、彼女たちはまた「もとの居場所」に戻っていく。つまり、今、軍隊に足を踏み入れている女性は男性と対等な立場で剣をとろうとする女性戦士《アマゾンズ》などではけっしてなく、非常時が去れば、おとなしく家庭に戻る伝統的なジェンダー規範を遵守する女性なのだという主張である。軍隊のなかに女性を取り込むさい、もっとも重視されたのは「戦う男」のマスキュリニティを傷つけないことであった。それは裏を返せば、兵籍をもたない女性が軍隊のなかに「いる」だけで、兵士のマスキュリニティが脅かされると考えられたことの証でもあった。陸軍女性補助部隊の幹部は軍隊側の感情に配慮して、「戦う男」との間に、自ら明確な一線を引こうとした。女性が戦場にいる、軍隊のなかで活動しているという事実は、男性兵士にとっても、社会にとっても、そして隊員自身にとっても、従来のジェンダー秩序を揺るがすきわめて重要な意味をもっていた。軍隊への女性の取り込みは、兵役とマスキュリニティとの当然視された関係を崩さないよう細心の注意を払いながら慎重におこなわれたのである。

6 「越境する女」の自己意識

陸軍女性補助部隊に入隊した女性たちはどのような自己意識をもっていたのだろうか。大戦期に軍事組織に入隊した女性の動機を分析したジャネット・ワトソンは、多くの女性が、「軍隊に入る」という明確な意志をもっていたことを指摘している。たとえば、陸軍女性補助部隊が創設されることを知ったある若い女性は、母親に対し、「陸軍の構成員になりたいから入隊したい」とその思いを書き送っている。彼女たちにとっては“enlist”（兵籍を得る）と“enroll”（登録する）という「差異」よりも、陸軍と陸軍女性補助部隊という二つの組織の同質性のほうが重要であった。いかなる地位や資格をもつかにかかわらず、自らの活動の場が軍隊であり、軍服を連想させる制服を着用しているという事実。それは、陸軍女性補助部隊を職業として選択した入隊者も含め、すべての隊員が肯定的にとらえた条件であった。

陸軍女性補助部隊の隊員は、たしかに法律上は兵士ではなかった。しかし、彼女たちには男性兵士と同じように集合場所や服装、持ち物などを記した「召集状」が送付され、氏名や年齢、階級や契約期間などが書き込まれた記録簿には、「登録」（enrolment）ではなく「入隊」（enlistment）の文字が記されていた。また、入隊した女性隊員に配布された給与帳は、（男性）兵士のものを転用したとみられ、人称代名詞はすべて男性を表す'he'や'his''him'がもちいられていた。さらに、女性隊員が提出を義務づけられた文書のなかには、遺言を書き込む欄ももうけられていた。隊員たちがじっさいにこの欄を使用したか否かは不明であるが、万一に備えて、給与を遺贈する人物の名を書かせる軍隊内の規則が女性にも適用されたものと考えられる。「戦場で血を流すこと」は、戦時マスキュリニティの重要な要素であったが、陸軍女性補助部隊の隊員はその可能性を陸軍によって想定されていたといえる。

ただ、じっさいには陸軍女性補助部隊が戦場で払った「犠牲」はけっして大きくはなかった。一九一八年四月、アブヴィルで空襲に遭った隊員九人が亡くなったのが戦闘による唯一の死亡例で、負傷者の数も一〇人にとどまっている（図62）。しかし、戦場で命を落とした女性隊員の存在は、戦死が兵士のみに許された究極の犠牲であったことを考えれば少なからぬ意味をもっていた。亡くなった隊員の葬儀のさいには、陸軍から花輪が贈られ、弔意を示すための儀礼飛行がおこなわれた。亡骸をおさめた棺は砲架台に乗せられ、多くの兵士や士官を従えて葬列が組まれたという。戦場に散った陸軍女性補助部隊の隊員たちは、戦死した兵士と同じように、軍の墓地内に手厚く葬られた。一九一八年六月一日付けの『タイムズ』は、「女性が男性と同様、軍服を着る権利をもっていることが証明された」と報じた。

陸軍女性補助部隊への入隊動機は、愛国心、待遇、職務内容の魅力、自立へ

図62　スチール製のヘルメットを装着する陸軍女性補助部隊の隊員たち
一九一八年六月一八日、フランスのルアンで空襲を受けたあとにつくられた塹壕にて。（IWM）

の希求、軍隊や戦場への憧れなどさまざまであり、一人の人間のなかでも混在していた。自らの活動を「奉仕」としてとらえることの多かった上・中流階級と、「仕事」ととらえがちであった労働者階級との間には大きな溝もあった。自分や家族の生活を支えるために働かざるをえなかった労働者階級の女性に比べ、上・中流階級女性は報酬や除隊後の生活を心配する必要はなかった。とくに、大勢の人間を指揮する立場に立った女性たちは、軍隊という未知の領域で、それまで女性が味わうことのなかった自由や自立を手にした。

しかし、入隊の動機は何であれ、厳しい軍隊的規律のもと、不自由な暮らしを強いられるなかで、「銃後の世界」との断絶感は徐々に深まっていった。戦場における兵士のマスキュリニティは、戦死や軍隊内の厚い友情といった「女が体験しえないもの」を核として形成されたが、戦争の現実を目の当たりにした隊員たちは、その「女が体験しえないもの」を体験した。隊員の多くは、日記や手紙のなかで自らの大戦経験を銃後の女性が体験しえない特殊なものとして位置づけている。以下は、女性ヴォランティア予備軍の月刊誌に掲載された隊員の詩である。

私たちが行くときは
軍服を落ち着いて着用したことを
外の世界へ向けたしるしとして

どうか覚えていてほしい
男性と同じように
その色だけで十分であろう

内に眠る精神を示すには　　それは、すなわち犠牲

女性ヴォランティア予備軍の隊員の手になるこの詩には、明らかに自らを兵士になぞらえようとする意識が読みとれる。落ち着いて軍服を着用し、死をも覚悟するその姿は、まさに女性戦士《アマゾンズ》そのものである。大戦の勃発当初、称揚されたのは、兵士が戦場で示す武勇であった。しかし、総力戦、消耗戦の色彩が濃くなってくると、しだいに「大いなる犠牲」が強調されるようになっていく。殺傷能力の崇拝から喜んで死ぬことへの賛美へ。この転換は、法律によって戦闘能力を剝ぎ取られた女性に、戦場でその任務を果たしうる可能性を、すなわち、男性と同等の国家奉仕をするチャンスを与えるものであった。

　陸軍女性補助部隊の隊員たちも、主に事務部門に属した中流階級の教養層を中心に多くの詩を残した。隊員が所持していた新聞の切り抜きには、ジェシー・ポープの手になる「陸軍女性補助部隊の隊員たち」と題する詩が載っている。

彼女たちは規律に頭を垂れた　　それまでけっして知らなかったこと
付き従い、服従する特権を得た　　指導者たちが導いてくれる
強くたくましく成長するまで　　彼女たちは今日、女性戦士《アマゾンズ》の軍隊となる
彼女たちは贅沢をあきらめ　　楽しみや遊びを放棄し

虚栄心や愚鈍な考えも捨てた
その勇気はとどまることなく
任務はハードで天候も厳しい
果敢に任務に挑み
彼女たちはより血気盛んに、
よりタフに
彼女たちはスマートで有能
すべての隊員が戦いに勝つために出征する
その生活は粗野なもの
けっしてくじけることはない
それぞれの軍服の下には
女性の心がちゃんとある

「女性戦士《アマゾンズ》」というストレートな表現をもちいた、まさに女性版「軍歌」である。軍務に服するという「特権」を得た女性たちが、女性的な楽しみを捨て、過酷な状況に立ち向かい、戦士として勇ましく「出征」していくさまが生き生きと描かれている。「たくましい」、「血気盛ん」、「タフ」といった言葉はどれも、兵士のマスキュリニティを称揚するさいにもちいられる表現で、女性隊員が自らを兵士になぞらえようとしていたことがうかがえる。

ただ、ここで注目しておかなければならないのは、「軍服の下には女性の心がちゃんとある」という最後の一節である。一見、この詩はフェミニニティを放棄した女性戦士《アマゾンズ》の賛歌のように見える。しかし、彼女たちは女性性をかなぐり捨て、男性化しようとしたわけではけっしてなかった。軍服という男の服（男性性を帯びた外見）の下に、「女性の心」（女性性）を保持していることが強調されたのはそのためである。たしかに、女性隊員の多くは制服に身を包み、軍隊のなかでたくましく生き抜くことで、「過去の自分」すなわち銃後の女性との断絶を強く意識するようになった。しかし、彼女たちが「女性の心」を捨てる（＝兵士になる）ことはけっしてなかった。陸軍女性補助部隊の隊員をはじめとする「戦う」女たちは、銃後の女性との間だけでなく、武器をとって戦う男性との間にも明確な一線を引いた。それが、ワトソンやグウィン＝ヴォーンら陸軍女性補助部隊の幹部らがおこなったような戦略的なものであったかどうかはわからない。しかし、いずれにしても大戦は、女性が足を踏み入れることができない「男の聖域」を守るべきだとの価値感そのものを破壊することはなかったのである。

おわりに

第一次世界大戦期を生きた女性たちの群像は、男性とは比べものにならないくらい多様性に富んでいる。それは、彼女たちの前に無数の道がひらけていたと同時に、ある一つの選択肢が欠如していたためであった。

戦時においては、男性が自らの存在価値を証明するには、軍隊に入隊しさえすれば十分であった。男性に与えられた選択肢は、兵士になるか、ならないかというきわめて単純なものだったからである。しかし、（自国の）兵士になるという選択肢を奪われたイギリスの女性たちは、国民／市民としての価値を男性とは違う形で示さなければならなかった。白い羽運動をはじめとする募兵活動に取り組んだ者、軍需工場で兵器の製造に携わった者、男手の不足する農地で農作業に従事した者、そして、軍の補助要員として戦場へ向かった者。女性たちはさまざまな形で戦争に協力することで、自らの愛国心をかたちにした。

大戦は、「軍服を着て軍隊のなかで活動する」というそれまでの戦争ではありえなかった選択肢を女性に与えた。自らの意思で海を渡り、軍隊と行動をともにした陸軍女性補助部隊の隊員たちは、当時のイギリス社会において、他の多くの「戦わない」女たちとは区別してとらえられた。彼女たちの特異性をきわだたせたのは制服である。女性隊員が身につけたカーキ色の制服は、着用者にも、それを目にする人々にも軍服として認識された。それは、内なる愛国心のシンボルであると同時に、着用者に戦争への貢献と新たな世界への進出を実感させるものであった。

1 セクシュアリティの戦争

第一次世界大戦はセクシュアリティの戦争であった。ベルギー侵攻やイーディス・カヴェルの処刑など、イギリスがドイツの残虐性を示すために利用した事件はいずれも、高度にセクシャライズされた形でプロパガンダに供された。それは、ときには視覚に訴えかけるポスターの形で、また、ときには高名な人物の手になる調査報告書の形で、巧みに世論を操作した。ジェンダー化されたプロパガンダは、ベルギー「侵攻」という歴史的事実を、ベルギーの「凌辱」へと読み変えることで、戦争を支える世論をつくりだしていった。

大戦の勃発によって労働形態や人員配置に大きな変化が生じると、ジェンダー秩序は混乱した。急速な社会の変化にとまどった人々は、ジェンダーの境界を侵犯しようとする（あるいはそのように見える）者に対し、とりわけ強い警戒心を示すようになる。批判の矛先は、女性のセクシュアリティに向けられた。カーキ・フィーバーという形で顕在化した女性の性モラルをめぐる問題や、別居手当の支給にまつわる妻の素行調査に見られるように、第一次世界大戦期は女性のセクシュアリティに対する関心が異様なまでに高まった時代でもあった。性モラルの低下は、父親や夫の出征によって監視の目が緩んだ結果、引き起こされたとみなされた。こうして、大戦期のイギリスでは、国土防衛法のもとで女性をターゲットとする夜間外出禁止令が出され、素行調査によって別居手当の受給資格が剝奪されるなど、女性のセクシュアリティに対する徹底した統制がおこなわれたのである。

軍服姿の女性に対するバッシングも、女性の性モラルの維持に対する執着とある種の重なりをもっていた。本来、戦うことのできない女性が軍服を着用することは、性の越境行為ととらえられただけでなく、「女性らしさ」を自ら放棄したものと受けとめられた。伝統的なジェンダー秩序を乱す女性への制裁は、多くの場合、その性モラルを攻撃する形をとった。セクシュアリティへの攻撃は、「女の特権」を剝奪するうえできわめて有効な手段だったからである。そうすることで彼女たちは、従来の社会秩序のあり方に変更を迫る「脅威」としてではなく、単なる「例外」として扱われた。ジェンダーの境界を侵犯した制服姿の女性たちは、「戦う」（＝権力をもつ）という意味で「男」になれなかっただけでなく、「女」としての特権も同時に剝ぎとられた。陸軍女性補助部隊は公的認可組織であり、その制服も陸軍側が支給したものであったにもかかわらず、隊員の性モラルがスキャンダルという形で問題化された事実は、部隊に対する軍隊の、そして社会の危機感を雄弁に物語っている。それは、大戦が女性のセクシュアリティを極端な形で解放するのではないかという一種のパラノイアが引き起こしたものに他ならなかった。

2 大戦が変えたもの、変えなかったもの

戦時の女性労働に対する高い需要は、女性をそれまで男性が独占してきた職業領域へと押し出していった。しかし、戦争が終わると、女性を「本来の居場所」へ押し戻そうとする強い力が、戦時中に彼女たちが獲得した地位や職業を奪っていった。「本来の居場所」とは、ある者にとっては家庭を、ある者にとっては単純かつ補助的労働を意味した。じっさい、戦争が終わる前から準備は着々と進んでいた。一九一八年の初めには、女性雇用のピークは過ぎ、女性労働者の解雇▼がはじまっていた。軍需工場では、一九一八年三月までに、数千人の女性がわずか一週間前の告知で解雇された。その背景には、軍需工場をはじめとする戦時雇用が終戦とともに消滅したこと、一九一八年に戦前労働慣行回復法が施行されたことが関係していた。同法は、戦前の労働慣行や組合の規制、

▼九万人の女性が失業登録をしたが、失業手当が支給されたのはそのうちの三万人にすぎなかった。

熟練労働者の特権的地位を回復する目的で制定され、工場に対する強制力をともなったため、原則としてすべての「希釈要員」が職を辞さなければならなかった。

復員兵に自らの職を明け渡すことを拒んだ女性たちは、容赦のない非難にさらされた。一九一九年一月九日付けの『イヴニング・スタンダード』には、「怠け者に国家給付——贅沢な日々が続くことへの欲求」と題する皮肉たっぷりの記事が掲載されている。「[大戦中の]彼女たちの給料は週二ポンドから三ポンドにも達した。毛皮のコート、ハイトップス型の子ヤギの革のブーツ、蓄音機、連夜の外出、そして自由な日曜日が、彼女たちに高いモラルを与えた。しかも、職業安定局まで歩くだけで週二五シリングの贈り物までもらえるのだ。」新聞は、非常時が去ったのちも「元の居場所」に戻ろうとしない女性を「非愛国的」であるとして非難すると同時に、「あばずれ」、「鼻の上に三インチも化粧パウダーを塗りたくる者」と、ここでもまた、女性の性モラルを攻撃した。

職を失ったのは工場労働者だけではなかった。一九二〇年、ブリストルのトラム会社は、復員兵による襲撃事件が起こったのをきっかけに、大戦中に活躍した「トラム・ガール」の解雇に踏み切っている。トラムやバスの車掌から公的機関のタイピストに至るまで、さまざまな職種で同様のことが起こった。こうして、一九一九年一一月までに、七五万人の女性労働者が解雇された。その結果、一九二一年の女性就業者数は、戦前(一九一一年)と比較して逆に二パーセント減少することになったのである。

一方、特殊な技術や高い専門知識を有する女性のなかには、大戦を機に、職業開拓に成功する例も多く見られた。大戦がもたらした成果の一つともいえる性差別禁止法（一九一九年）で、専門職への扉がひらかれたことも女性の社会進出を後押しした。じっさいにその恩恵を受けたのは中流階級以上のごく一握りの女性に限られていたが、女性は判事や弁護士など法律関係の専門職に就く機会を獲得した。また、医学の分野における女性の進出も目覚ましかった。一九一四年段階で四七七人にすぎなかった女性医師の数は、一九二一年には一二五三人、さらに一九三一年には二八一〇人へと飛躍的に増加した。

第一次世界大戦が女性に与えた最大の恩恵は参政権であった。休戦協定が結ばれた二ヶ月後の一九一八年一月に成立した国民代表法は、イギリス史上はじめて女性に議会選挙権を認めた法律として名高い。しかし、同法がまず実現させたのは、二一歳以上の男子普通選挙であった。この法律の施行によって、それまで一定の居住条件を満たしていなかったため排除されてきた兵士や船乗りなど、新たに五〇〇万人の男性に選挙権が付与▼された。ただし、すべての成人男性に選挙権が与えられたわけではない。大戦中、戦うことを拒否した良心的兵役拒否者の選挙権を以後五年にわたり剝奪するという規定が盛り込まれたためである。逆に、二一歳に満たなくても、大戦中、兵役についた者には選挙権が与えられた。兵士と船乗りに参政権を与える決議の直後に、良心的兵役拒否

▼一八八四年の選挙法改正で、事実上財産資格が撤廃されたことにともない、すでに選挙権は労働者にまで拡大していた。しかし、世帯主であること、最低一年間は同じ場所に居住することなどの条件が付けられたため、じっさいに選挙権を獲得したのは成人男性の約六割にすぎなかった。

者の選挙権を剝奪する動議がなされた事

づくものであったことを示している。

一九一七年一〇月二五日付けの『タイムズ』は、刑務所に収監されている良心的兵役拒否者の釈放を擁護する一方、「いかなる理由であろうとも、かたくなに市民としての義務を果たそうとしない男性には……市民権を享受する資格はない」と断じた。こうした意見は議会でもくり返し表明された。一九一七年一一月二〇日の庶民院では、キンロック＝クックが以下のような演説をおこなっている。

おそらく認められることになるだろうこの法案は、実質的には水兵と陸軍兵士のための法案である。それは戦争で戦った男性に参政権という特権を付与しようとするものだ。そうであるならば、同時に戦争で戦うことを拒否した男性にも選挙権を与えるのは公平なことではない。

良心的兵役拒否者に関する選挙権剝奪規定は、それまで男であること（＝女ではないこと）を絶対条件としてきた議会選挙制度のあり方を根底からくつがえすものであった。

一九一八年法は、「三〇歳以上で既婚」、「世帯主として住居を所有または賃借している者、もしくはその妻」という条件つきながら、女性にも選挙権を拡

『戦う女、戦えない女』正誤表

以下誤りがございましたので訂正させていただきます。

①1918年の国民代表法の規定には、女性参政権付与の条件として「既婚であること」は含まれておりません。143ページ16行目の「既婚」、146ページ1行目の「結婚」、略年表1918年2月6日の「既婚」を削除

②略年表162ページ 誤）1914年7・28

大した▼。女性の戦争協力を評価する声は、すでに戦時中から高まっており、長らく女性参政権に反対の立場を貫いてきたアスクィスも、一九一六年八月一四日、庶民院で次のような発言をおこなっていた。

彼女たちはライフルをかついで戦場におもむくという意味では、たしかに戦うことはできない。しかし、彼女たちは軍需工場を満たし、以前であれば、今戦っている者がおこなわなければならなかった役割を果たしている。彼女たちはもっとも効果的な方法で、戦争を遂行しているのだ。さらに、この点が私の大きな関心事だが、戦争が終結すれば……産業復興の段階に入るわけだが、そうなると女性たちの利害に直接影響を与える多くの問題が起こってくるだろう。女性たちがそうした問題に関して特別な要求をするのは当然ではないだろうか。……率直に申し上げて、私は彼女たちの要求を退けることはできない。

保守党員の多くは女性に議会選挙権を与える法案になおも反対であったが、女性支持者の反発を恐れて、あえて反対票を投じようとはしなかった。大戦が終わる頃までには、女性参政権に反対する者は時代遅れとみなされるようになっており、すでに大方の了解が得られていた。法案の審議がすすんでいた一九一六年八月二五日、NUWSSの機関紙『コモン・コーズ』は、「るつぼのなかに」と題する記事のなかで、「女性参政権への反発は戦火のなかに溶けた」と

▼一八六九年に、女性納税者に地方自治体の選挙権を与える法律が成立したが、議会選挙権は認められていなかった。一九一八年法の施行によって有権者の三九・六パーセントを女性が占めることになった。第一次世界大戦中あるいは戦後すぐに女性参政権を認めた国は、他にも多数存在する。デンマーク、アイスランド、カナダ、ドイツ、オーストリア、アメリカ、オランダ、ポーランド、スウェーデンなど多くの国で女性参政権が実現したことを踏まえるならば、第一次世界大戦が女性の社会的地位の向上に果たした役割は大きいといえよう。

して、大戦が参政権に関する社会の価値感を変えつつあることを指摘している。国民代表法案は庶民院を三八五対五五、貴族院を一三四対七一の大差で通過した。同法の施行によって、八四七万九一五六人の女性に議会選挙権が与えられ、選挙権保有者は男女をあわせた成人人口の二八パーセントから七八パーセントまで拡大された。

大戦は二つの事実を社会につきつけた。一つは、兵力が不足するなか、女性を代替労働者として動員するのは避けられないという差し迫った必要性、もう一つは、すべての男性が武器をもてる（もとうとする）わけではないという現実であった。良心的兵役拒否に象徴される男性の「臆病さ」と、女性が果たした軍事的貢献は、それまで性別と階級によって秩序づけられてきた社会に根本的な修正を迫った。大戦は、市民権に対する考え方を大きく変えた。それまで議会参政権の絶対条件であった性別と階級は後方に退き、かわって愛国心・奉仕・犠牲が市民権に関する新たな価値感を生み出していく。一九一八年法は、国政選挙に参加する資格を与えるか否か、すなわち、自立した市民として認めるか否かを、「性差」以外のものさしではかった、まさに最初の例だったのである。

しかし、ここで留意しておかなければならないのは、一九一八年法が女性参政権の導入にある条件を付したという事実である。男性への選挙権の付与は、純粋に戦争に貢献したか否かによって決められたのに対し、女性には、年齢と結婚というハードルが課された。つまり、大戦によって参政権への扉はひらかれたものの、そこに参入してくる女性に一定の制限を加えることで、男性優位の構造そのものは温存されたのである。女性の戦争協力が評価されなかったわけではけっしてない。一九一八年法は、海外で勤務する赤十字隊員（従軍看護師を含む）や陸軍女性補助部隊の隊員に戦闘員投票権を与えている。その数は三三七二人にものぼった。しかし、軍需工場で兵器の製造に携わった一〇〇万人近い女性労働者の大半を占めた二〇代の独身女性に、選挙権が認められることはなかった。

大戦は多くの女性に、国家との間に新たな関係を構築する機会を与えた。戦時にととのえられた別居手当制度は戦後の家族手当導入の布石となり、やがて福祉国家の礎を築いていった。また、戦後、二〇年代の早い時期に、離婚や相続に関する女性の権利も明確化されていく。たとえば、一九二三年には離婚の条件を男女の間で平等化する法律が成立し、二五年には子どもの養育権の男女平等化が実現するとともに、寡婦年金も制度化された。しかし、ここで確立されたのは、あくまで「夫や父親に扶養される女性」の権利であり、まっさきに参政権を付与されたのも、「妻として」「母として」の女性であった。女性が大戦中にさまざまな形で示そうとした市民としての価値は、母性にかかわる部分のみが評価された。一九一八年法が実現した女性参政権は、兵士を育てる「母」に与えられた一種の褒章だったのである。

3 「空」への扉

第一次世界大戦は「陸」と「海」の戦いであったといわれる。戦闘機や爆撃機が登場し、空中戦や都市爆撃といった新たな戦闘形態も出現したが、いまだ「空」は主戦場にはなりえなかった。そうしたなか設立された空軍女性部隊の隊員たちは、上・中流階級出身の高い教養をもつ女性たちで占められ、事務や車両の運転、修理・整備などを担当した。空軍の一員でありながら、大戦中、彼女たちがじっさいに飛行機を操縦することはなかった。一九一八年六月一〇日付けの『デイリ・エクスプレス』は、女性が飛行機を操縦することに否定的な見解を述べたあと、その理由をこう説明している。「実際、飛行は女性の仕事ではない。……女性はいつも緊急事態になると取り乱してしまう。」「飛行」には、いかなる状況にあっても冷静さを失わない判断力が必要とされた。女性には緊急事態に対処する能力が決定的に欠けているため、パイロットには不向きであるとみなされたのである。そのため、空軍女性部隊の隊員たちはしばしば「飛べないペンギン」と揶揄された。「空」を戦場とする空軍に属しながら「飛ぶ」ことを許されない女性たち。その姿は、戦闘資格をもたない陸軍女性補助部隊の隊員や、逮捕権をもたない女性警官とも重なってくる。それまで「男の聖域」とされてきた職業分野に女性が進出することは、大量の女性労働を必要とした大戦期のイギリス社会にあって、ある程度は容認されていた。しかし、進出の仕方や程度は、男性優位の社会構造やそれにもとづいて形成された社会常識を覆すものであってはならなかった。従来のジェンダー秩序を維持するためには、いったん門戸をひらいたあとで女が立ち入ることのできない「新たな聖域」を確保することが不可欠だった。戦争という非常事態のなかで「男の聖域」に踏み込んだ女性たちは、本来、その組織の構成員に与えられるべきもっとも重要な権利を剝奪されることで、巧みに周縁化されたのである。

「戦う」女たちの側も、武器をとって戦うこと（＝男になること）を必ずしも欲していたわけではない。しかし、一方で彼女たちが、銃後の世界（戦えない女）との間に明確な一線を引こうとしたのはまぎれもない事実である。軍服姿の女性は、たとえ兵士に食事をサーブするだけの存在にすぎなかったとしても、男性に守られる弱き性としてではなく、軍事活動への参与者として立ち現れた。陸軍女性補助部隊は、女性の居場所は家庭であるというフェミニニティの支配的モデルと、「戦う」ことは本質的に男性の仕事であるというマスキュリニティの支配的モデルの双方を脅かす存在であった。軍隊内には女性労働に対する緊急の必要性があったにもかかわらず、そして、女性隊員の地位や役割は伝統的なジェンダー規範のなかにとどまるものであったにもかかわらず、女性部隊に強い批判が向けられた事実が、その脅威の大きさを物語っている。

「男の聖域」への女性の進出は、従来のジェンダー秩序にいかなる変更を迫ったのか。この問題に答えるのは容易ではない。しかし、大戦期の「飛べないペンギン」たちが、やがてひらかれる「空への扉」の鍵を握っていたことだけはたしかであろう。巧みに周縁化されたとはいえ、聖域に踏み込んだ女性の存在は少なからぬ意味をもっていた。「戦う」女たちは、兵士（男性）のマスキュリニティを脅かし、戦時のジェンダー秩序に大きな揺らぎをもたらしただけでなく、それまで当然視されてきたマスキュリニティとミリタリズムの一体性を破壊することで、市民権に関する概念をも大きく変えたのである。

参考文献

Alberti, Johanna, *Beyond Suffrage : Feminists in War and Peace, 1914–28*, New York : St. Martin's Press, 1989.

Allen, Mary S. and Heyneman, Julie, *Woman at the Crossroads*, London, 1934.

Allen, Mary S., *Lady in Blue*, Plymouth, 1936.

Allen, Mary S., *The Pioneer Policewoman*, London, 1925.

Anonymous, *WAAC : The Woman's Story of the War*, Tronto, 1930.

Beddoe, Deirdre, *Back to Home and Duty : Women between the Wars 1918–1939*, London : Pandora, 1989.

Braybon, Gail (ed.), *Evidence, History and the Great War : Historians and the Impact of 1914–18*, Oxford: Berghahn Books, 2003.

Braybon, Gail, *Women Workers in the First World War*, London : Croom Helm, 1981.

Brown, Heloise, *'The Truest Form of Patriotism' : Pacifist Feminism in Britain*, Manchester : Manchester University Press, 2003.

Cecil, Hugh and Liddle, Peter H. (eds.), *Facing Armageddon : The First World War Experience*, Barnsley : Pen & Sword Select, 1996.

Chole, Owing, *Women Police : A Study of the Development and Status of the Women Police Movement*, 1925.

Condell, Diana and Liddiard, Jean, *Working for Victory? : Images of Women in the First World War 1914–1918*,

London : Routledge & Kegan Paul Ltd, 1987.

Cowman, Krista and Jackson, Louise A. (eds.), *Women and Work Culture : Britain c. 1850–1950*, Aldershot : Ashgate, 2005.

Cowper, J. M., *A Short History of Queen Mary's Army Auxiliary Corps*, 1966.

Daidson, Dianne, *Women on the Warpath : Feminists of the First Wave*, Cape : University of Western Australia Press, 1966.

De Groot, Gerard J., *Blighty : British Society in the Era of the Great War*, London : Longman, 1996.

Dewey, P. E., *British Agriculture in the First World War*, London : Routledge, 1989.

Douglas, R. M., *Feminist Freikorps : The British Voluntary Women Police, 1914–1940*, Westport : Praeger, 1999.

Evans, Martin and Lunn, Ken (eds.), *War and Memory in the Twentieth Century*, Oxford : Berg, 1997.

Fegan, Thomas, *The 'Baby Killers' : German Air Raids on Britain in the First World War*, South Yorkshire : Pen & Sword Books Ltd, 2002.

Fell, Alison S. and Sharp, Ingrid (eds.), *The Women's Movement in Wartime : International Perspectives, 1914–19*, New York : Palgrave, 2007.

Garder, Les, *Stepping Stones to Women's Liberty : Feminist Ideas in the Women's Suffrage Movement 1900–1918*, London : Heinemann Educational Books, 1984.

Grayzel, Susan R., *The First World War : A Brief History with Documents*, Bedford : St. Martin's Press, 2013.

Grayzel, Susan R., *Women and the First World War*, Harlow : Longman, 2002.

Grayzel, Susan R., *Women's Identities at War : Gender, Motherhood, and Politics in Britain and France during the First World War*, University of North Carolina Press, 1999.

Grayzel, Susan R., "'The Outward and Visible Sign of Her Patriotism": Women, Uniforms, and National Service during the First World War', *Twentieth Century British History*, 8 : 2, 1997.

Gullace, Nicoletta F., 'White Feathers and Wounded Men : Female Patriotism and the Memory of the Great War', *Journal of British Studies*, 36, 1997.

Gullace, Nicoletta F., *"The Blood of Our Sons": Men, Women, and the Renegotiation of British Citizenship during the Great War*, New York : Palgrave Macmillan, 2002.

Hayward, James, *Myths and Legends of the First World War*, Gloustershire : Sutton Publishing, 2002.

Higonnet, M. R., Jenson, J, Sonya, M., Weitz, M. C. (eds.), *Behind the Lines : Gender and the Two World Wars*, New Haven : Yale University Press, 1987.

Horn, Pamela, *Rural Life in England in the First World War*, Dublin : Gill and Macmillan Ltd, 1984.

Hynes, Samuel, *A War Imagined : The First World War and English Culture*, London : The Bodley Head, 1990.

Jeffreys, Sheila, *The Spinster and Her Enemies : Feminism and Sexuality 1880–1930*, North Melbourne : Spinifex Press Pty Ltd, 1985.

Kent, Susan Kingsley, *Making Peace : The Reconstruction of Gender in Interwar Britain*, Princeton : Princeton University Press, 1993.

Kent, Susan Kingsley, 'The Politics of Sexual Difference : World War I and the Demise of British Feminism', *Journal of British Studies*, 27, July, 1988.

Lee, Janet, *War Girls : The First Aid Nursing Yeomanry in the First World War*, Manchester : Manchester University Press, 2005.

Levine, Philippa, "'Walking the Streets in a Way No Decent Woman Should" : Women Police in World War I',

Journal of Modern History, 66, 1994.

Lock, Joan, *The British Policewoman : Her Story*, London : R. Hale, 1979.

Macdonald, Sharon (ed.), *Images of Women in Peace and War : Cross-Cultural & Historical Perspectives*, Wisconsin : The University of Wisconsin Press, 1987.

Marwick, Arthur, *The Deluge*, reissued 2nd ed., London : Palgrave, 2006.

Marwick, Arthur, *Women at War : 1914-1918*, London : Fontana Paperbacks, 1977.

Melman, Billie (ed.), *Borderlines : Genders and Identities in War and Peace 1870-1930*, New York : Routledge, 1998.

Nelson, Claudia and Holmes, Ann Sumner, *Maternal Instincts : Visions of Motherhood and Sexuality in Britain, 1875-1925*, Basingstoke : Macmillan, 1997.

Newsome, S., *Women's Freedom League 1907-1957*, London : Women's Freedom League, 1960.

Noakes, Lucy, *Women in the British Army : War and the Gentle Sex, 1907-1948*, London : Routledge, 2006.

Noakes, Lucy, 'Demobilising the Military Woman : Constructions of Class and Gender in Britain after the First World War,' *Gender and History*, 19 : 1, 2007.

Ouditt, Sharon, *Women Writers of the First World War : An Annotated Bibliography*, London : Routledge, 2000.

Ouditt, Sharon, *Fighting Forces, Writing Women : Identity and Ideology in the First World War*, London : Routledge, 1994.

Pederson, Susan, 'Gender, Welfare, and Citizenship in Britain during the Great War', *American Historical Review*, 95, 1990.

Pennell, Catriona, *A Kingdom United : Popular Responses to the Outbreak of the First World War in Britain and*

Ireland, Oxford : Oxford University Press, 2012.

Pugh, Martin, *Women and the Women's Movement in Britain, 1914–1999*, London : Palgrave Macmillan, 1992.

Rickards, Maurice, *Posters of the First World War*, London : Adams & Mackay Ltd, 1968.

Robb, George, *British Culture and the First World War*, London : Palgrave, 2002.

Robert, Krisztina, 'Gender, Class, and Patriotism : Women's Paramilitary Units in First World War Britain', *The International History Review*, 19, 1997.

Ryder, Rowland, *Edith Cavell*, New York, 1975.

Sanders, M. L. and Taylor, Philip M., *British Propaganda during the First World War, 1914–18*, London : Macmillan, 1982.

Searle, G. R., *A New England? : Peace and War 1886–1918*, Oxford : Oxford University Press, 2005.

Simmonds, A. G. V., *Britain and World War One*, London : Routledge, 2012.

Souhami, Diana, *Edith Cavell*, London : Quercus, 2010.

Terry, Roy, *Women in Khaki : The Story of the British Woman Soldier*, London : Columbus Books, 1988.

The Marchioness of Londonderry, *Retrospect*, London, 1938.

Thom, Deborah, *Nice Girls and Rude Girls : Women Workers in World War I*, London : I. B. Tauris & Co Ltd, 2000.

Tickner, Lisa, *The Spectacle of Women : Imagery of the Suffrage Campaign 1907–14*, Chicago : The University of Chicago Press, 1988.

Tylee, Claire M., *The Great War and Women's Consciousness*, Iowa City : University of Iowa Press, 1990.

Vining, Margaret and Hacker, Barton C., 'From Camp Follower to Lady in Uniform : Women, Social Class and

Military Institutions before 1920', *Contemporary European History*, 10 : 3, 2001.

Wall, Richard and Winter, Jay (eds.), *The Upheaval of War : Family, Work, and Welfare in Europe, 1914–1918*, Cambridge : Cambridge University Press, 2005.

Ware, Susan, *Beyond Suffrage : Women in the New Deal*, Cambridge Mass : Harvard University Press, 1981.

Watson, Janet S. K., *Fighting Different Wars: Experience, Memory, and the First World War in Britain*, Cambridge : Cambridge University Press, 2004.

Wheelwright, Julie, *Amazons and Military Maids : Women Who Dressed as Men in Pursuit of Life, Liberty and Happiness*, London : Pandora, 1989.

Wilson, Trevor, *The Myriad Faces of War : Britain and the Great War, 1914–1918*, Cambridge : Polity Press, 1986.

Woollacott, Angela, *On Her Their Lives Depend : Munitions Workers in the Great War*, Berkeley : University of California Press, 1994.

Woollacott, Angela, '"Khaki Fever" and Its Control : Gender, Class, Age and Sexual Morality on the British Homefront in the First World War', *Journal of Contemporary History*, 29 : 2, 1994.

赤木誠「変容する福祉実践の場と主体——第一次世界大戦期における別居手当と家族手当構想」岡村東洋光・高田実・金澤周作（編）『英国福祉ボランタリズムの起源——資本・コミュニティ・国家』ミネルヴァ書房、二〇一二年。

今井けい『イギリス女性運動史——フェミニズムと女性労働運動の結合』日本経済評論社、一九九二年。

エルシュテイン、ジーン・ベスキー（小林史子・廣川紀子訳）『女性と戦争』法政大学出版局、一九九四年。

大久保桂子「戦争と女性・女性と軍隊」『岩波講座世界歴史25　戦争と平和——未来へのメッセージ』岩波書店、一九九七年。

河村貞枝・今井けい（編）『イギリス近現代女性史研究入門』青木書店、二〇〇六年。

北原恵「米国プロパガンダ・ポスターにみるナショナリズムとジェンダー」上村くにこ（編）『暴力の発生と連鎖』人文書院、二〇〇八年。

黒川章子「第一次世界大戦におけるイギリス赤十字・ボランタリー救護部隊――部隊の軍隊化と女性メンバーの活動」『立命館産業社会論集』第三八巻四号、二〇〇三年。

高見安規子『歴史のなかの看護婦――イーディス・キャベルとシスター・ドーラの生涯』医学書院、一九八二年。

若桑みどり『戦争がつくる女性像』ちくま学芸文庫、二〇〇〇年。

若桑みどり『戦争とジェンダー』大月書店、二〇〇五年。

あとがき

二〇一二年二月、フローレンス・グリーンというイギリス人女性が一一〇歳で亡くなった。彼女は第一次世界大戦中、空軍女性部隊に所属した経験をもっており、数年前から「第一次世界大戦最後の退役者(veteran)」としてメディアの注目を集めていた。一九一八年に入隊し、ノーフォークの空軍基地でウェイトレスとして働いたグリーンは、当時まだ一七歳だったこともあり、一度だけチャンスがめぐってきた飛行体験を「実は恐かった」と告白している。彼女は、大戦で多くの犠牲が出たことを重く受けとめつつも、空軍での日々を懐かしそうにこう振り返っている。「空軍女性部隊で過ごした日々はとても楽しく……少しも苦ではありませんでした。空き時間にはいろいろなことをして楽しみました。……多くのパイロットと出会い、よくデートをしたものです。」

国内の基地に勤務したグリーンの大戦経験が、軍隊の「なか」に足を踏み入れた女性の典型例だとは思わない。まして一〇〇年近い時を経てのインタビューである。ノスタルジックになるのも当然だろう。しかし、彼女の言葉は、私がロンドンの帝国戦争博物館で見た、前線で働く陸軍女性隊員の笑顔の写真と重なるものがあった。そこには、「軍隊」、「戦場」という言葉から想起される死と隣合わせの恐怖や緊張感のようなものは微塵も感じられなかった。出身階級によって、活動の場や立場によって、いや、おそらく一人一人で異なる戦争体験を、できるだけ先入観にとらわれずに描いてみよう。そういう思いから本書の執筆ははじまった。

大戦は女性の暮らしをどう変えたのか。従来のジェンダー概念にいかなる変更を迫ったのか。大戦とジェンダーを扱った研究が格闘してきたこのシンプルな問いへの答えは、視点を変え、スパンを変えることによって、いかようにも変化する。女性の目覚ましい社会進出と新たなジェンダー秩序の形成。しかし、その陰には常に、限界と揺り戻しがあった。執筆当初は「問い」に対する答えをさがしあぐねて袋小路に入ってしまったが、しだいに、光のあて方によってまったく違う像を見せるその多面性こそに意味があるのではないかと思うようになった。大戦期の女性の前には、おどろくほど多くの道がひらかれていたと同時に、ただ一つの選択肢が決定的に欠けていた。大戦が女性に与えた豊かな選択肢と、同じく女性に課した重い足かせ。そこに生じる軋轢や矛盾、両義性こそが大戦期のジェンダー問題の本質なのだとあらためて思う。

本書は、京都大学人文科学研究所の共同研究班「第一次世界大戦の総合的研究」の一員として学び、考えたことを形にしたものである。発表および執筆の機会を与えてくださった共同研究班の先生方には感謝の言葉もない。例会では、各分野の最先端の研究報告と、刺激的な議論に圧倒されながら、密度の濃い時間を過ごすことができた。私にとっては、緊張感と充実感に満ちた貴重な学びの場であった。

ベルギーの地名表記については、奈良女子大学大学院の加来奈奈さんにご助言いただいた。日本語での表記が定まっていないものもあり難題続きであったが、的確なアドバイスをいただき感謝している。もちろん、最終的な判断は私の責任のもとでおこなったことはいうまでもない。また、人文書院の井上裕美さんには、文字通り殴り書きの段階から原稿に目を通していただき、貴重なご助言を賜った。レスポンスの早さと的確さ、そして褒め上手！　と三拍子そろった井上さんにうまく「操縦」されながら、気持よく空を飛ぶことができた。最後も、どこに着陸してよいかわからず旋回を続ける私を、何とかランディング・ポイントまで導いてくださった。心から御礼申し上げる

最後に、仕事に追われる私を常にやさしく見守り、いろいろな形で励まし、支えてくれた家族に深く感謝したい。

二〇一三年三月

林田敏子

1916	5. 31	ユトランド沖海戦（－6. 2）
	7. 1	ソンムの戦い（－11. 18）：9.15　史上初の戦車投入
	8. 27	イタリア、ドイツに宣戦布告
		ルーマニア参戦
	11. 27	ギリシア、ドイツに宣戦布告
	12. 6	**ロイド・ジョージ連立政権成立**
1917	**2. 1**	**ドイツ軍が潜水艦による無制限攻撃を宣言**
	3.	**陸軍女性補助部隊設立**
	3. 8	ロシア二月革命（－15）
	3. 15	ロシア皇帝退位
	4. 6	アメリカ参戦
	7. 31	第三次イープル戦（－11. 6）
	8. 14	中国参戦
	10. 24	カポレットの戦い（－11. 12）
	11. 5	ロシア十月革命（－7）
	11. 29	**海軍女性部隊設立**
1918	1. 8	アメリカ大統領ウィルソンの「十四ヵ条」演説
	2. 6	**国民代表法成立→30歳以上の既婚女性に議会選挙権付与**
	3. 3	ブレスト・リトフスク条約調印
	4. 1	**空軍女性部隊設立**
	4. 9	**陸軍女性補助部隊がクィーン・メアリ陸軍補助部隊に改称**
	11. 11	休戦
	12. 14	**イギリス総選挙**
1919	1. 18	パリ講和会議開始
	6. 28	ヴェルサイユ条約調印
	11. 28	**ナンシー・アストーが女性初の国会議員に（イギリス）**
	12. 23	**性差別禁止法成立**

略年表

特にイギリス、女性にかかわる項目は太字

年	月日	出来事
1914	7. 28	サライェヴォ事件
	8. 1	ドイツ、ロシアに宣戦布告
	8. 3	ドイツ、フランスに宣戦布告
	8. 4	**ドイツ軍のベルギー侵攻。イギリス、ドイツに宣戦布告**
	8. 5	**キッチェナーが陸軍相に就任**
	8. 8	**国土防衛法成立（その後、数度改正）。検閲制度開始**
	8. 12	**イギリス、オーストリア・ハンガリー帝国に宣戦布告 投獄中のサフラジェットに「休戦」のオファー**
	8. 23	日本参戦
	8. 26	タンネンベルクの戦い（－30）
	9. 6	第一次マルヌの戦い（－10）
	10.	第一次イープル戦開始（－11.）
	12.	**女性ヴォランティア予備軍設立**
	12. 16	**ドイツ軍がイギリスのスカーバラ、ハートリプール、ホイットビーを爆撃**
1915	1. 18	日本が「対華二十一ヵ条要求」を提出
	1. 19	**ドイツ軍がツェッペリン飛行船によるイギリス空爆を開始**
	2. 4	**ドイツがイギリス周辺海域を交戦海域と宣言し、潜水艦による攻撃を警告**
	4. 22	第二次イープル戦（－5. 24）：ドイツ、西部戦線初の毒ガス大量使用
	4. 25	ガリポリ上陸作戦（－1916. 1. 9）
	4. 28	**女性国際平和会議がハーグで開催（－5. 1）**
	5.	**ベルギーにおけるドイツの残虐行為を調査したブライス報告書公刊**
	5. 7	**イギリス客船「ルシタニア」がドイツ軍潜水艦の無警告攻撃で沈没**
	5. 23	イタリア参戦
	5. 25	**アスクィス連立政権成立**
	夏	**女性軍隊設立**
	8.	**16歳から65歳までの男女が国民登録**
	10. 12	**イギリス人看護師イーディス・カヴェルの処刑**
	10. 14	ブルガリア参戦
1916	**1. 27**	**兵役法成立→18～41歳の独身男性に兵役義務**
	2. 21	ヴェルダンの戦い
	3.	**女性農耕部隊設立**
	5. 25	**総徴兵制の導入→18～41歳の全男性に兵役義務**

林田敏子（はやしだ・としこ）
1971年生まれ。奈良女子大学大学院人間文化研究科博士課程修了。現在、摂南大学外国語学部准教授。文学博士。専攻はイギリス近現代史。著書に『イギリス近代警察の誕生 ── ヴィクトリア朝ボビーの社会史』（昭和堂、2002）、『近代ヨーロッパの探求13 警察』（共編、ミネルヴァ書房、2012）。

レクチャー　第一次世界大戦を考える
戦う女、戦えない女
──第一次世界大戦期のジェンダーとセクシュアリティ

2013年5月10日　初版第1刷印刷
2013年5月20日　初版第1刷発行

著　者　林田敏子
発行者　渡辺博史
発行所　人文書院
〒612-8447　京都市伏見区竹田西内畑町9
電話　075-603-1344　振替　01000-8-1103

装幀者　間村俊一
印刷所　創栄図書印刷株式会社
製本所　坂井製本所

落丁・乱丁本は小社送料負担にてお取り替えいたします

ISBN978-4-409-51118-3　C1320

落丁・乱丁本は小社送料負担にてお取り替えいたします